성경 속에 숨어있는 심리학을 통해 하나님을 바라보는 시간

성경에서 심리학을 읽다
Psychology in the Bible

초판 1쇄 발행 2017년 11월 20일
5쇄 발행 2019년 10월 10일

지은이 최승목

펴낸이 장주희
펴낸곳 아이러브처치
편집디자인 김민혜

전화 0505) 267-0691
팩스 032) 505-6004
등록일 2005년 2월 16일
등록번호 제 2005-6호
이메일 churchbook@hanmail.net

값 15,000원

ISBN 978-89-92367-91-2 03230

"아이러브처치(ilovechurch)는 예수 그리스도가 주인인 교회를 사랑하며,
마지막 '때'(마 24:14)의 사명을 감당하고자,
믿음의 식구들과 함께 기도하며 준비하는 선교단체입니다.
아이러브처치는 찬양을 통한 영적회복, 도서를 통한 영적 강건함,
문화를 통한 복음화, 그리고 세계선교의 비전을 추구합니다."

이 도서의 국립중앙도서관 출판예정도서목록(CIP)은 서지정보유통지원시스템 홈페이지(http://seoji.nl.go.kr)와 국가자료공동목록시스템(http://www.nl.go.kr/kolisnet)에서 이용하실 수 있습니다.(CIP제어번호: CIP2016027760)

성경 속에 숨어있는 심리학을 통해 하나님을 바라보는 시간

성경에서 심리학을 읽다

● 추 천 사

“최승목 목사님의 책은 성경을 하나님의 말씀, 믿음, 행동, 그리고 체험을 통해 하나님·예수님·성령님께 가까이 가는 법을 일깨워 주었습니다. 저는 예수님을 영접한 지 74년이 되었습니다. 주일성수와 간절한 기도, 성경을 통독하면서 신앙생활을 잘 해야지 노력하고 있습니다. ‘어떻게 하면 하나님께서 함께 하시고 우리 예수님의 오른 손이 나를 붙들어 주시고 뜨거운 성령님이 역사하실까?’를 늘 생각합니다. 마침 일본의 국가조찬기도회, 타이완의 국가조찬기도회에 참석하면서 이 책을 틈틈이 읽었습니다. 그리고 이 책을 통해 정말 많은 보화를 발견하고 감동받았습니다. 감동이 되어 책을 다시 읽고, 또 다시 읽었습니다. 이 책을 한 번만 읽을 것이 아니라 세 번을 넘어 일곱 번을 읽을 것을 권하고 추천합니다.”

대의그룹 회장, 대한민국국가조찬기도회 회장 채의숭

“언제까지 주어진 현실에 낙담하고 있을 것인가? 어떤 마인드를 가지고 있느냐에 따라 우리의 인생이 변화되고 바뀔 수 있다고 이 책은 말하고 있다. 현실에 안주하는 것을 싫어하며, 늘 도전하는 것을 멈추지 않는 저자인 최승목 목사님의 가치와 목회철학을 이 책을 통해 공유하고 내 것으로 만들 수 있다면,우리는 분명 다른 차원의 성공적인 인생을 살 것이라 확신한다.”

사)한국창업진흥협회 회장 이재환

“책 안에 삶의 유익한 내용이 가득했다 최승목 목사님이 이미 신문에 연재하여 검증된 내용들이지만 삶이 잘되고 강건해지는 긍정적이고 적극적인 생각, 믿음, 태도, 방식 등이 새롭게 와 닿았다. 기존의 일반적인 심리학이나 경영이론들이 이미 성경적 진리 안에 있었고 그 말씀을 찾아

적용하고 설명한 것도 참 신선했다 이 책에서 내내 저자 최승목 목사님의 마음이 읽어졌다. 독자들이 좀 더 삶이 좋아지고 성장하길 바라는 목자 마음이랄까. 읽는 이들이 이 책을 통해 삶의 지혜와 통찰을 얻어 삶이 풍성해지고 열매도 가득하길 간절히 기도한다."

본죽 설립자, 본월드미션 이사장 최복이

"최승목 목사님은 CTS 기독교 TV의 보화이십니다. 미주에서 많은 방송 진행과 방송 칼럼, 그리고 설교로 섬겨 주셨었습니다. 특별히 그 분의 칼럼은 교육용으로 매우 유익했습니다. 저는 오랜 시간 EBS 교육방송에 몸담고 있었습니다. 교육에 있어서 무엇보다 중요한 것은 어려운 것도 쉽게 전달하면서 오래 기억에 남도록 하는 것이 중요합니다. 이번 최승목 목사님의 글은 기독교인들에게 이 두 가지를 심어주기에 매우 적절합니다. 기독교인들뿐만 아니라 비 기독교인에게도 상식적인 많은 이야기들이 있어 제가 아는 모든 분들에게 꼭 추천하고 싶은 책입니다."

CTS 기독교 TV 부사장 윤문상

"이 글을 처음 접할 때, 론다 번의 씨크릿을 떠올리게 되었습니다. 오프라 윈프리 쇼로 전 세계적으로 알려진 그 책이 신선하면서도 무언가 신앙적인 부분이 결핍되어졌다고 생각했는데 이번 최승목 목사님의 책은 그 부족한 부분의 퍼즐을 찾아 넣는 것 같았습니다. 이 세상에는 말로 표현하고 설명할 수 없는 것이 너무나 많이 있는데, 이것을 신앙의 눈으로 충분히 설명하는 것을 보고 뇌리에 잊히지 않고 있습니다. 특별히 말더듬이에서 웅변왕이 된 이야기는 오늘 제게도 주는 의미가 큽니다."

방송인 아나운서 김현욱

“미주 중앙일보에 인기리에 연재되었던 성경심리학의 출간을 축하드립니다. 삶의 끝 날까지 나의 힘이 되시는 하나님 말씀을 지혜롭게 정리해주셨습니다. 최 목사님의 일정 속에서 그리고 독자들에게 같이 동행하시는 성령님이 나타나는 책이 되기를 기도합니다.”

영화배우 허준호

“최승목 목사님은 2012년 유럽 성시화 대회에서 함께 했었습니다. 그때부터 최승목 목사님의 영성과 지성에 큰 감동이 있어 주목하여 보아왔습니다. 글을 쓴다는 것은 하나의 창작입니다. 지혜가 담긴 글들은 우리에게 감동을 주고, 위로와 격려, 용기와 희망을 줍니다. 한걸음 더 나아가 상처 입은 우리의 삶을 치유하고 회복시키며, 풍성하게 하고 생명을 변화시키며 살립니다. 최승목 목사님이 중앙일보와 크리스천 헤럴드에서 그동안 칼럼에 썼던 주옥같은 귀한 글들을 모아 책으로 출판하게 되어 진심으로 축하드리며 추천합니다. 현대심리학이나 교육학에서 많은 학자들이 말하는 여러 가지 학설이나 주장에 앞서 성경에 기록된 교훈과 이야기들을 해박한 지식과 통찰력, 그리고 깊은 영성을 통해 조명해 줌으로서 우리에게 많은 감동과 공감, 그리고 심오한 진리와 교훈에 접하고 경험케 해주는 글들이라고 생각하며 일독을 권합니다.”

전)나성영락교회 담임목사, 성시화운동 국제 명예총재 박희민 목사

“최승목 목사님은 미국 이민교회를 이끄는 목회자로 영성과 지성을 갖추었기에 그의 글을 읽는 내내 감동이 넘쳤다. 날이 선 듯 한 비판과 주눅 들게 하는 정보를 담은 글로 마음이 그늘지기 쉬운 요즘 같은 때에 읽기에 편안한데도 영적인 깊이와 유익함이 넘치는 글을 대하니 마음까지 밝아진다. 성경읽기를 힘들어 하거나 신앙생활의 깊이를 놓친 사람이 있다면 꼭 한 번 읽기를 권하고 싶은 책이다. 읽는 이는 '성경은 진리다' 라는 잔잔한 마음의 음성을 듣게 될 것이다."

나성 순복음교회 담임목사 진유철

"제가 최승목 목사님을 처음 만난 것은 하와이 복음방송 선교대회에서였습니다. 최 목사님의 강의에 지혜와 위트가 있었고 영적 세계의 비밀인 4차원의 영성을 잘 이해하고 계심을 느꼈습니다. 이번에 발간되는 책은 하와이복음방송과 미주 중앙일보에서도 소개되었었는데, 성경의 영적 비밀을 심리학 같은 학문적 도구를 사용하여 잘 설명하는 지혜가 빛나고 있습니다. 영성과 지성과 인성의 조화를 잘 갖추고 있는 최승목 목사님의 미래 사역이 더욱 기대가 됩니다. 이 책을 읽는 모든 독자들이 성경의 영적인 비밀에 대해 더 눈을 뜨게 될 것으로 확신하며 이 책을 여러분께 강력히 추천하고자 합니다."

전) 교회 성장 연구소 소장, 하와이 순복음호놀룰루교회 담임목사 홍영기

"이 책을 쓰신 최승목 목사님은 목회현장에서 만난 성도들을 주님의 말씀인 성경을 통해 삶의 미래를 열게 하는 사역을 하고 계시는 분이다. 따라서 최 목사님은 이 책을 통해서 하늘의 언어(성경)를 사람의 말로 바꾸어 해석하는데 심리학과 경영학의 언어로 접근한다. 저자의 이런 시도는 이미 중앙일보 연재를 통해서 독자들에게 삶의 문제를 해결해 가는데 큰 길잡이 역할을 해주었다. 이 책을 통해 더 많은 사람들에게 하늘의 언어를 사람의 언어로 이해하고 그들의 미래를 하나님의 말씀 속에서 열어가는 길을 열어줄 것이라는 확신을 갖기에 진심으로 축하하고 추천한다."

감리교 서울연회 17대 감독, 은평교회 원로목사 김영헌

“최승목 목사님은 늘 연구하고 또 도전하는 하나님의 귀한 일꾼입니다. 그래서 최 목사님 옆에 있으면 늘 어떤 기대감에 사로잡히게 되고 뭔가 좋은 일이 있을 것 같은 긍정의 에너지가 넘치게 됩니다. 이번에 성경의 심리학이라는 책에 나오는 많은 이야기들이 추상적인 관념이 아니라 최 목사님의 지난 삶의 과정과 미국 이민의 과정에서 삶으로 살아낸 이야기입니다. 포기하지 않는 도전, 적극적인 믿음, 긍정적인 삶의 자세가 그의 책에 잘 드러나 있습니다. 많은 사람들의 기대감 속에 나온 책입니다. 기쁜 마음으로 추천 드리며 이 책의 출판을 진심으로 축하드립니다.”

일산 광림교회 담임목사 박동찬

“저자인 최 목사는 젊음과 활기가 있다. 매사에 넘치는 패기와 열정이 그를 목회와 일상에서 돋보이게 한다. 그의 목회 현장은 은퇴한 어른들이 많고 비교적 풍요로운 미국 팜스프링스에서 목회를 한다. 특별히 그 지역은 세계의 유명 정치인, 스포츠 스타, 예술인들이 모여 사는 곳으로 더욱 인간의 근본적인 고뇌와 삶에 대한 의미 그리고 인생에 대한 진지한 접근을 하게 만드는 것 같다. 저자의 복합적인 고민가운데 나온 이 책은 심리학을 성경의 렌즈를 가지고 차근차근 우리에게 풀어낸다. 그동안 많은 심리학 서적들이, 마치 새로운 내용인양 포장되어 있지만 사실은 성경 안에서 이미 조명되어진 내용이라는 사실을 새삼 느끼게 한다. 사랑하는 최승목 목사의 깊은 고뇌와 묵상이 담겨 있는 이 책을 성도들과 함께 나누고 싶다.”

숭의교회 담임목사 이선목

"대다수의 사람들은 만족하는 인생보다는 삶속에서 고민하고 번뇌하는 인생들을 살아갑니다. 주님이 우리들의 인생에 아름답고 멋진 'Image of God'을 주셨음에도 지금까지 상처 나고 깎이며 만들어진 삶의 구조들 때문에 긍정보다는 변화를 꿈꾸며 살아갑니다. 이 책은 성경의 인물들을 통해 다른 이들의 인생을 평가할 목적으로 쓰인 책이 아닙니다. 반대로 우리들의 삶을 돌아볼 도구가 될 것이고 나를 힘들게 했던 내 삶의 구조의 변화뿐 아니라 하나님께서 우리 안에 만들어주신 고귀한 'Image'를 찾게 해줄 것입니다. 좋은 책을 발간하시는 최승목 목사님께 감사드리고 이 책을 접하는 모든 분들, 특별히 엉켜버린 인생으로 고민하는 분들에게 주의 인자와 긍휼이 아침마다 새로움을 되새기는 기쁨이 있기를 소망합니다."

임마누엘교회 담임목사 김정국

"그리스도인들의 정신세계를 이보다 더 간결하고 쉬운 말씀으로 안내하는 책은 본 적이 없습니다. 이 책 안에는 신앙인들이 순례의 여정에 있어서 꼭 마음에 새겨야 하는 중요한 원칙들이 살아 숨 쉬는 언어로 표현되어 있습니다. 최승목 목사님은 미국의 명문 클레어몬트에서 박사학위를 받은 실천신학자입니다. 보수와 진보, 삶과 신앙, 사역과 연구, 인간과 역사 등 그는 인간의 내면세계에 대한 심리학적 통찰을 갖고 평신도들이 알기 쉬운 언어로 이 책을 썼습니다. 자신에 대한 이해와 새로운 비전을 꿈꾸는 이들에게 이 책이 읽혀져 메마른 영혼이 살찌워져 강건케 되기를 소망합니다"

뉴질랜드 오클랜드온누리교회 담당목사 유현목

서 문

심리학 용어와 경영학 용어, 물리학 이론 등을 성경에 접목하였습니다. 특별히 미주 중앙일보에 3년여 동안 연재했던 "성경의 심리학"을 출판용으로 수정하여 이야기를 꾸며 보았습니다. 미주 CTS TV와 CGN TV 그리고 라디오 방송인 AM 1190 광야의 소리에도 종종 소개했던 이야기입니다.

부족한 저자가 작게나마 바라기는 파스칼의 팡세와 같이 여러 단편들이 모여서 하나의 재미있는 상식과 성경속의 우주의 원리 그리고 세상을 움직이는 힘에 대해서 나누기를 소망했습니다. 어떤 이들은 심리학에 물든 설교와 성경이 잘못되었다고 합니다. 그럴 수도 있습니다. 그러나 성경을 국문학, 영문학, 수학, 과학, 역사학, 사회학, 고고학, 철학 그리고 의학과 더불어 해석될 수 있는 것처럼 심리학이나 경영학과도 더불어 해석될 수 있다고 봅니다.

왜 유독 경영학이나 심리학에 대해서 거부감을 갖는지 잘 모르겠습니다. 경영학자 중에도 심리학자 중에도 독실한 크리스천들이 많이 있으며, 그들의 학문적 열매 가운데 하나님의 창조 원리와 맞닿는 부분이 분명히 있다고 믿습니다. 어떤 특정 학문은 배제 되어야한다고 생각하는 그 사고야말로 지극히 편협적이고 우물 안 개구리 같다고 할 수 있습니다.

서점에 가보면 미국 서점이나 한국 서점이나 자아개발서적과 비전문가들을 위한 심리학 관련 책들이 범람하고 있습니다. 그런데 여기에 대해서 기독교적인 관점은 거의 찾아보지 못했습니다. 이에 대한 대안도 아니면 비판조차도 찾기가 쉽지 않았습니다.

흥미삼아 한두 권 읽기 시작한 자아 개발서를 나중에는 나오는 대로 거의 다 섭렵하기 시작했고, 그들이 근거를 두는 전문가들의 서적까지 찾아 읽었습니다. 그리고 어려서부터 주로 성경만 읽고 자란 저는 그 내용들이 대부분 성경에 이미 있는 내용이라는 생각을 지울 수가 없었습니다. 다만, 다른 이름으로 포장만하고 있었고, 이미 수천년 전 말 한 그 이야기를 마치 새롭게 발견한 것인 양 거대한 원리처럼 말하는 것이 성경을 도용하는 것처럼 보였습니다.

그래서 평생 성경을 읽은 성직자로서 그리고 학자로서 이에 대해 비판이 아니라 이들이 말한 원리보다 훨씬 앞서 이야기했던 성경의 원리를 소개하고자 합니다.

이 책이 나오기까지 조언을 아낌없이 해주시고 출판해주신 '글로벌워십미니스트리'의 가진수 목사님께 감사드립니다.

또한 부족한 필력에도 바쁜 와중에 일본과 대만에서 수차례 읽어보시고 추천해 주신 대의그룹 채의숭 회장님, 저와 15년을 넘게 교제해온 변함없는 창업진흥협회 이재환 회장님, 가족보다 더 큰 사랑과 관심을 주신 본죽 최복이 회장님, 부족한 글에 관심 가져주신 CTS 기독교TV의 윤문상 부사장님, 극찬을 아끼지 않으신 김현욱 아나운서님, 고등학교 선배이자 신앙 안에서 함께 하시는 영화배우 허준호 님, 크고 작은 대소사에 늘 함께 해주시는 성시화 국제 명예

총재이신 박희민 목사님, 젊은 목회자들에게 겸손의 목회를 알려주신 나성순복음교회 진유철 목사님, 의리 있는 하와이의 홍영기 목사님, 따뜻한 가슴과 사랑이 넘치시는 서울연회 17대 감독님이셨던 김영헌 목사님, 냉철한 지성과 뜨거운 영성을 가지신 일산 광림교회 박동찬 목사님, 친형 같은 숭의교회 이선목 목사님, 사나이 중에 사나이 임마누엘교회 김정국 목사님, 클레어몬트에서 동고동락했던 뉴질랜드의 유현목 목사님 모두 바쁜 와중에 저자의 부족한 글을 읽어 주시고 함께 나눠 주심에 심심한 감사를 다시 올려 드립니다.

맨손으로 미국 동부로 이민을 왔다가 또 다시 맨손으로 서부에 왔습니다. 아는 사람 없이 황량한 서부에서 만난 팜스프링스 한인교회 가족들은 제 삶에 커다란 축복이었습니다. 위해서 기도해 주시고, 사랑해주심에 감사드립니다. 이 시간까지 함께한 가족과 부족한 저를 위해 기도해 주신 모든 분들에게 감사를 드립니다. 바라오기는 이 책을 읽는 모든 독자들이 영적인 비밀과 원리를 깨달아 더욱 풍성한 삶을 사시기를 소망합니다.

최승목 드림

성경에서 심리학을 읽다

목 차

성경에서 심리학을 읽다

성경 속에 숨어있는 심리학을 통해 하나님을 바라보는 시간

PART 1.

Psychology in the Bible

001

확증편향과 축복

'머피의 법칙'으로 유명한 조셉 머피(Joseph Murphy) 박사가 이런 말을 했다. "경쟁자가 실패하기를 마음속으로 기원하면 잠재의식은 누가 실패하는지는 잘 모르고 단지 실패만을 기억하게 된다. 그에 따른 부작용은 다시 본인에게로 돌아오게 된다."

이것은 인지과학에서 말하는 '확증편향'에 기인한 것이다. '확증편향'이란 자신의 생각과 일치하는 상황이나 자료만 받아들이고 그와 반대되는 것을 무시하거나 폄하하는 심리를 말한다. 한마디로 균형감각을 잃어버린 생각을 뜻한다. 문제는 이러한 편중된 생각이 개인과 공동체에 독으로 작용해 실수의 확률이 높아진다는 것이다.

또 다른 예로 광고에는 사람들의 잠재의식을 공략하는 '역학지각기법'이라는 것이 있다. 이는 사람들이 인지할 수 없는 빠른 속도로 영상과 영상 사이에 광고 메시지를 삽입하는 것이다. 실제로 코카콜라가 이를 시험해 본 적이 있는데 영화 장면 중간에 코카콜라의 사진들을 집어넣었더니 영화 감상 후 관객들은 코카콜라는 기억하지 못하고 갈증만을 느꼈다고 한다.

이렇게 우리의 내면세계에서 특정 대상을 향해 어떤 메시지를 전달할 때 대상은 기억하지 못하고 메시지 자체만을 기억하는 경우가 많다. 즉 만약 누군가가 실패하기를 바란다면 내 무의식 세계는 그 대상은 기억하지 못하고 실패만을 기억하게 된다는 것이다. 그것은 곧 나의 행동이 실패를 하게끔 잠재의식이 나를 인도하는 원인이 되는 것이다. 생각이 행동을 유발하기 때문에 그렇다.

'저 회사가 망해야 되는데' '저 집이 망해야 되는데'라고 생각하면 내 회사 내 집을 어렵게 만드는 단초가 될 수 있다.

그래서 성경은 확증편향을 역설적으로 해석한다. 즉 상대방을 축복하면 그것이 곧 무의식적으로 내게 축복이 된다는 말씀이다. 이민 사회에서 새롭게 생겨나는 교회나 경쟁 업체를 보며 품고 있는 시기와 질투 나의 잘못된 생각이 오히려 나의 축복을 가로 막는다고 성경은 말하고 있다. '사촌이 땅을 사면 배가 아프다'는 한국 속담은 남의 축복을 마음속으로 축복해 주지 못하는 사람들의 비뚤어진 시기심을 말한다.

성경적 삶을 사는 교인들은 '사촌이 땅을 살 때 축복하면 나에게 더 큰 축복이 온다'는 선한 효과를 가슴에 품고 세상 속에서 살아가야한다.

하나님은 "너를 축복하는 자를 내가 축복하고 너를 저주하는 자를 내가 저주하리라"(창 12:3)고 말씀하셨다.

002

오병이어와 '티핑 포인트(Tipping point)'

성경에 나온 이야기 중 '오병이어'만큼 유명한 사건도 없을 것이다. 이 사건은 복음서 모두에 기록되어 있는 것으로 보아 제자들에게 잊지 못할 사건 중 하나였던 것 같다.

제자 빌립은 예수님의 설교를 들으러 온 많은 사람이 저녁때가 되도록 굶고 있는 상황을 걱정하여 예수님께 말씀드렸다. "장정만 5,000명이 되는 이 사람들을 다 먹이려면 200 데나리온 가지고도 부족하며 그 돈이 있다 하여도 이 저녁에 그 많은 양의 떡을 살 곳이 없다"는 것이다.

그때 베드로의 형제 안드레는 군중 속에서 한 어린아이를 예수님께 데리고 나왔다. 그 어린아이가 자신의 저녁거리였던 보리떡 다섯 개와 물고기 두 마리를 예수님께 내어놓았다. 이에 예수님은 그것을 축사하시고 그 자리에 있던 모든 사람들이 먹고도 남는 기적을 일으키셨다. 그것이 바로 '오병이어'의 기적이었다.

이렇게 장정 5,000명을 먹인 사건은 5,000개의 떡도 200데나리온의 큰돈도 아닌 한 어린아이가 정성으로 가지고 온 보잘 것 없는 보리떡 다섯 개와 물고기 두 마리였다.

'티핑 포인트'란 환절기에 갑자기 확산되는 독감처럼 특정시기에 어떤 아이디어나 사회적 행동이 들불처럼 번지는 극적인 순간을 말한다. 그래서 '티핑 포인트'라는 것은 어느 시점이 되면 갑자기 커다란 변화를 가져오는데 예를 들면 섭씨 0도가 되면 액체인 물이 고체인 얼음으로 변화된다거나 반대로 물의 온도가 올라가 섭씨 100도가 되면 물이 끓으면서 액체에서 기체로 변화되는 것이다. 여기서 섭씨 0도와 섭씨 100도가 물에게는 '티핑 포인트'가 되는 것이다.

성냥에 불이 붙는 순간도 '티핑 포인트'라 한다. 말콤 글래드웰(Malcolm Gladwell)의 책 '티핑 포인트'에서 그는 '티핑 포인트'의 3가지 특징에 대해 썼는데, 첫째 전염성이 있다, 둘째 작은 것이 엄청난 변화를 가져온다, 셋째 극적인 순간에 발생한다는 것이다. 성경에 나오는 '오병이어'의 기적은 이 '티핑 포인트'를 아주 적절하게 설명하고 있다.

저녁때가 되어 먹을 것이 없어 고민할 때 어린아이가 주님께 드린 작은 보리떡 다섯 개와 물고기 두 마리가 커다란 기적과 변화를 만들었다. 어린아이가 주님께 자신의 먹을 것을 드린 그 순간이 바로 '티핑포인트'인 것이다. 이 한 어린아이의 행동이 '오병이어'의 기적의 시발점이 된 것처럼 한 개인이 '티핑포인트'가 될 수 있다. 예수님이 먹을 것이 없을 때 "네 것을 가져다주어라"(눅 9:13)고 이야기하셨다.

즉 '티핑 포인트'는 외부에서 오는 것이 아니라 오늘 내가 가지고 있는 작은 것에서 바로 변화가 시작되는 것이다.

003

자기예언과 피그말리온(Pygmalion) 효과

"내가 두려워하는 그것이 내게 임하고 내가 무서워하는 그것이 내 몸에 미쳤구나"(욥기 3:25)

욥이 자신이 두려워했던 일들이 스스로에게 재앙으로 발생했다고 고백하고 있다. '내가 망하면 어떡하지?' '병들면 어떡하지?' 이런 여러 가지 염려와 걱정이 욥의 삶속에 실제로 일어난 것이다. 교사가 학생에게 '너 공부 잘 하는구나'라고 말할 때 그 학생은 자기가 공부를 잘 한다고 믿는 스승의 기대에 부합하고자 열심히 공부해서 좋은 성적을 얻게 된다. 이것이 바로 믿음이다. 그리고 심리학에서는 이것을 '피그말리온 효과'라고 한다.

자기의 믿음으로 자기의 미래를 결정하는 '피그말리온 효과'는 성경 곳곳에서 찾아볼 수 있다. 가나안 땅에 들어가려던 이스라엘 백성들이 그곳에 열두 명의 정탐꾼을 보낸다. 돌아온 열두 명의 정탐꾼 중 여호수아와 갈렙을 제외한 열 명의 정탐꾼들은 가나안땅에 결코 들어가지 못하리라는 자기 예언을 한다. 그리고 그들의 믿음대로 그들이 말 한대로 그 가나안 땅에 들어가지 못하게 됐다. 반면 '결단코 들어가리라'라고 말한 여호수아와 갈렙은 가나안 땅으로 들어가게 된다. 그들의 생각대로 된 것이다.

"네 말이 내 귀에 들린 대로 내가 행하리라"(민 14:28) 라고 하신 것처럼 하나님은 들어가지 못한다고 했던 열 명의 정탐꾼에게 가나안땅에 들어가지 못할 것이라 말씀하시고 들어간다 한 그들은 들어가게 하셨다. 하나님은 우리의 말이 하나님 귀에 들린 대로 행하셨다.

'네 생각이 결과를 만든다'(렘 6:19)는 말씀같이 하나님은 우리의 생각 우리의 말이 우리의 미래를 결정한다고 우리에게 말씀하고 계신다. 예수님도 성경에 "네 믿음대로 되리라"라고 말씀하고 계시는데 내가 믿은 대로 내가 말 한대로 바로 내 신념대로 내 미래가 결정된다는 것이다.

욥은 풍족한 삶을 살았지만 그 풍족함 속에서도 그는 사업의 실패 가정의 실패 건강의 실패를 염려했다. 현재 큰 불편 없이 살고 있지만 미래에 대한 불안함과 초조함으로 걱정하고 있는 자가 있다면 바로 욥의 모습이 지금 나의 모습은 아닐까 다시 한번 생각해볼 필요가 있다. 미국에 온 대부분의 한인들이 미국에 와야겠다는 생각에 따라 미국에 올 수 있었다고 생각한다. 오늘 내 생각과 믿음이 나의 미래를 만들어 가는 것이다. 걱정과 염려로 불안해하기보다 밝은 미래를 바라는 믿음과 고백으로 앞으로의 생활을 바꿀 수 있다.

004

기능장애와 꿈꾸는 자

정신장애 중에 해부학적으로는 이상이 없지만 생활기능에 장애를 일으키는 질환으로 '기능장애(Functional Disorder)'라는 것이 있다.

꿈이 없는 사람 미래의 이야기를 만들어내지 못하는 사람 역시 '기능 장애'로 보고 있다. 미래의 이야기를 그려내지 못하는 이유가 바로 '기능장애'의 원인이 되는 것이다. 그것이 개인적인 상처로 인해서 일수도 있고, 사회적인 병폐로 또는 학습에 의해서, 가정의 분위기로 그렇게 될 수 있지만, 어떤 이유든 간에 이는 정신 기능 중 한 영역을 사용할 수 없는 정신 기능장애인 것이다.

모세는 80세에 민족을 구원하라는 하나님의 음성을 들었지만 '나이'라는 한계에 미래를 꿈꾸지 못하고 있었다. 그 나이가 모세에게는 '기능장애'의 원인이 되었던 것이다. 아브라함도 100세라는 나이에 미래 이야기를 만들어 내지 못하였다. 또 예레미야는 그 자신이 지은 죄가 크다는 생각 즉 '죄성'이 그에게는 미래 이야기를 만들 수 없는 '기능장애'의 원인이 되었던 것이다.

그러나 다윗은 자신의 나이가 어리다는 것이 그의 미래 이야기를 만들어 내는데 걸림돌이 되지 않았다. 그래서 성경은 우리에게 '꿈'을 가지라고 이야기하고 있다. "그 후에 내가 내 영을 만민에게 부어 주리니 너희 자녀들이 장래 일을 말할 것이며 너희 늙은이는 꿈을 꾸며 너희 젊은이는 이상을 볼 것이며"(욜 2:28) 성령이 임하면 우리의 자녀들이 미래의 이야기를 하고 늙은이는 꿈을 꾸고 젊은이는 이상을 볼 것이라는 미래의 이야기를 가질 것이라고 말한다.

꿈이 없는 나라 공동체 가정 개인은 그것이 집단이든 개인이든 병든 것이라 할 수 있다. 이집트를 떠나 가나안 땅으로 들어가는 이스라엘 민족에게 여호수아는 각 지파에게 본인들이 살 곳의 '그림을 그려오라'고 지시했다. 그리고 그들이 그림을 그려 온대로 그렇게 살게 된다. 12지파 중 요셉지파는 다른 지파와 달리 2개 지파의 몫을 감당하겠다고 꿈꾸었고 그대로 두 지파의 몫을 차지하게 됐다.

오늘 내가 미래를 그릴 수 없다면 한번쯤 생각해 봐야한다. 성경은 '생각이 결과를 난다'고 이야기 하고 있다. 요셉에게 요셉의 형제들은 "꿈꾸는 자가 오는 도다"(창 37:19)하고 그를 비웃었지만 요셉은 형제들의 놀림과 반대로 그가 꿈 꾼 미래 이야기대로 살았다. 미래는 꿈꾸는 자의 것이다.

오늘 '꿈꾸는 자'가 되어야 할 것이다.

005

신이 준 선물 '눈물'

"애통하는 자는 복이 있나니 그들이 위로를 받을 것임이요"(마 5:4)

확실히 여자가 남자보다 많은 눈물을 흘린다. 그것이 학습에 의한 것인지 선천적인 것인지를 조사한 연구결과가 있다. 남녀 어린아이를 어머니와 유리벽 사이로 갈라놓았더니 어머니에게 다가가다 유리벽을 만난 남자아이와 여자아이의 행동이 달랐다. 남자아이는 유리벽을 주먹으로 치고 여자아이는 앉아서 울었다.

왜, 여자는 어려서부터 더 잘 우는 것일까? 생체학적으로는 그 이유를 눈물샘을 자극하는 '프로락틴(prolactin)'이라는 호르몬에서 찾는다. 이 호르몬은 모유 생성을 촉진하는 호르몬이기도 하므로 당연히 남성보다 여성에게 많다. 따라서 여자들이 잘 울 수밖에 없다는 것이다. 그리고 그것이 여자가 남자보다 장수하는 이유라고 보는 학자들이 있다.

의학적으로는 눈물을 흘리고 나면 아드레날린이나 코르티솔 같은 스트레스 호르몬도 줄어든다고 한다. 눈물에는 아드레날린이 있어서 사람이 아드레날린을 뽑아 버림으로 기분이 좋아진다.

미네소타 주의 램지 재단 알츠하이머 치료연구센터 빌 프레이 박사는 "눈물에는 스트레스를 받아 체내에 축적된 화학물질이 섞여 있는데 이 물질이 울음과 함께 몸 밖으로 배출되면 면역 기능이 높아진다"고 눈물과 스트레스간의 인과관계를 밝혀냈다.

눈물샘에서 분비되는 눈물 성분에는 프로락틴과 부신피질자극 호르몬이 함유되어 있다. 이 호르몬은 뇌하수체에서 생성되어 스트레스를 받을 때 혈액 속에 녹아 흐른다. 눈물이 흐르면 이들 호르몬이 체내로 빠져나가 스트레스로 인한 정신적 압박감에서 해방된다는 이야기다.

예수님이 "애통하는 자가 복이 있나니 저가 위로를 받을 것이요"라고 말한 것은 눈물을 통해서 우리가 심적 위로를 생체적 시원함을 경험할 수 있도록 창조되었음을 말씀 하신 것이다. 사람이 마음껏 울고 나면 실제로 뇌와 근육에 산소 공급이 증가하고 혈압이 일시적으로 낮아져 심장병 같은 스트레스 관련 질환을 일으킬 확률이 줄어든다.

혈관이 좁아진 상태에서 심장이 내뿜는 혈액의 흐름을 방해하는 주범이 바로 스트레스인데 울고 나면 이 스트레스가 줄어드는 덕분이다.

영국의 정신과 의사 헨리 모슬리(Henry Maudslay)는 눈물을 '신이 인간에게 선물한 치유의 물'이라고 하였다. 언제 부터인가 우리 주변에서 감성 감동 눈물이 메말라 버렸다고 한다. 슬플 때 눈물을 흘리고 감동이 올 때 눈물을 흘리게 한 창조주의 섭리가 내 정신 건강에 나의 신체에 그리고 영성을 건강케 하는 것이다.

006

열등감과 가난한 자의 복

심리학자 알프레드 아들러(Alfred Adler)는 열등감이 우리 삶에 어떤 영향을 끼치는가에 처음 관심 가졌던 선구자였다. 그는 '구루병(비타민 D 결핍으로 인해 골격이 약해지는 병. 다리가 굽어 O자형이 되기도 한다)'을 갖고 태어났고 어린 시절 폐렴으로 고생을 했다고 한다. 초등학교 시절에는 네 살 난 동생이 질병으로 죽게 되면서 죽음의 공포도 체험했다.

건강하지 못했던 아들러는 공부에도 소질이 없어보였다고 한다. 그의 중학교 수학교사가 그의 부친에게 학업으로는 가능성이 없으니 공부를 포기 시키고 구두 수선공으로 키우라는 말을 할 정도였다. 하지만 그의 아버지는 그에게 용기를 주고 믿어 주었다. 그런 아버지의 신뢰를 힘입어 불편한 몸을 극복하고 학업이 지진 했던 아들러는 고등학교 졸업할 때는 최우수 학생으로 졸업하게 된다.

어린 나이에 동생을 잃는 경험을 하고 신체의 질병까지 안고 살아온 그는 의사에 대한 꿈을 꾸게 된다. 의과 대학에 진학했고 안과의사가 됐다.

그는 환자들을 대면하면서 눈과 관련된 특이한 사항을 발견했다.

눈에 질환이 있을수록 더 다독(多讀)을 하며 보는 것에 집착한다는 것이었다. 즉 장애가 있는 사람들이 오히려 비장애인들보다 더 높은 이상을 추구하는 성향을 발견한 것이다. 이를 토대로 그는 '열등감 이론'을 만들어 낸다.

아들러의 이론에 따르면 열등감을 극복하고 남들보다 우월해지려는 욕구가 그 자신을 발전시킨다는 것이다. 말을 더듬었던 사람이 훌륭한 웅변가가 되고 청각 장애인이 세계적인 음악가가 되는 것을 보면서 인간은 목적을 가지고 열등감을 극복하고 전진하는 존재라고 규정했다. 그러나 열등감을 극복하지 못하고 좌절하거나 포기하거나 낙심하거나 과거를 그리워한다면 악영향을 미칠 수 있다는 것이다.

그 역시 열등감으로 가득 찬 자였지만 극복함으로 세계적인 심리학자가 되었다. 그의 스승이었던 프로이드는 아들러가 유명해지자 체구가 작았던 아들러를 난쟁이라고 부르면서 "내가 난쟁이를 위대하게 만들었다"고 평가 절하했다. 하지만 아들러는 "거인위에 앉은 난쟁이는 거인보다 훨씬 더 멀리 볼 수 있다"는 재치 있는 답변으로 맞섰다.

성경에는 '가난한 자의 복'이 있다. "심령이 가난한 자는 복이 있나니 천국이 저희 것임이요"(마 5:3) 마음이 가난한 자는 그가 꿈꾸는 천국을 가질 수 있을 것이다. 하나님은 목마른 자에게 물을 주신다고 하셨다.

갈급해하는 자에게 구하고 찾고 두드리는 자에게 그들의 필요를 따라 주시는 하나님이다. 열등감은 오늘 나의 심령을 가난하게 한다. 은혜를 사모하고 믿음을 사모하고 하나님이 주시는 축복을 사모하고 그 열등감이 나를 천국으로 인도한다.

007

선물과 상호성의 법칙

"선물은 그 사람의 길을 너그럽게 하며 또 존귀한 자의 앞으로 그를 인도하느니라"(잠언 18:16)

심리학자 리건(Regan)은 상호성의 법칙을 실험하는 과정에서 실험 참여자들을 두 그룹으로 나눈 뒤 한 그룹에게만 '옆방에서 콜라를 주기에 당신 것을 가져 왔다'며 콜라를 나누어 주었다. 콜라를 받은 그룹과 받지 않은 두 그룹 모두에게 자선모금 행운권 구매를 의탁하자 호의를 받은 그룹이 2배 이상의 행운권을 구입하였다. 상대방을 일종의 빚진 상태로 만들어 놓으면 그렇지 않은 상태에서는 도저히 불가능한 일도 쉽게 승낙을 받을 수 있게 된다. 이것이 상호성의 법칙이다.

이를 적용하여 많은 기업이 고객에게 선물 마케팅을 하고 있다. 샘플이나 호의적인 선물을 공짜로 받은 고객들이 선물을 받기 전에는 거절했을 만한 서비스나 상품도 기꺼이 구입하려는 자세를 보이는 것이다. 누군가를 위해 먼저 호의를 베푼 이가 더 좋은 결과를 얻는다는 상호성의 법칙은 성경에서도 수차례 언급되고 있다.

예수님을 위해 황금, 유향, 몰약의 선물을 준비했던 동방박사들은 별의 인도함을 받아 예수를 영접하게 되었다. 야곱의 형 에서는 자신에게 소와 양떼의 선물을 보낸 야곱을 만난 후 하나님을 본 것처럼 반갑다고 말했으며 아브라함은 독자 이삭을 하나님께 드림으로 하나님을 감동케 했다.

마음을 사로잡으면 육체를 사로잡을 수 있다. 성경은 “네 물질이 있는 곳에 네 마음이 있다”고 하였다. 즉 내 선물이 있는 곳에 내 마음이 가고 그 마음이 상대방의 마음을 여는 것이다.

예수님의 삶은 평생을 통해 그가 가진 모든 것을 나눠 주는 삶이었다.

“... 부요하신 자로서 너희를 위하여 가난하게 되심은 그의 가난함을 인하여 너희로 부요케 하려 하심이니라”(고후 8:9) 나에게 ‘부’를 선물하시고 그는 ‘가난’해지셨다.

그리스도인들의 삶은 예수님을 닮는 삶이라고 우리는 말한다. 만약 교회가 사회에서 외면을 받는다면 그 이유는 기독교인이 나 자신과 내 교회만을 위해 살기 때문이 아닐까. 먼저 우리에게 선물을 베푸신 예수님처럼 이제 우리는 이 세상을 향하여 예수님을 위하여 무엇을 선물할 수 있을까 라는 거룩한 고민을 해야 할 때다.

“주는 것이 받는 것보다 복이 있다”(행 20:35)

008

주목과 미래의 삶

"우리가 주목하는 것은 보이는 것이 아니요 보이지 않는 것이니 보이는 것은 잠깐이요 보이지 않는 것은 영원함이라"(고린도후서 4:18)

성경에서는 우리의 주목이 보이지 않는 세계에 있어야 함을 여러 차례 말하고 있다. 모세 역시 이스라엘 자손들에게 없어질 것을 주목하지 말고 보이지 않는 영원한 세계에 주목하라고 권면 하였다.

현재의 나는 지나온 삶 속에 내가 주목했던 것들의 결과물이라 할 수 있다. 또한 지금 내가 주목하는 것이 미래의 나를 결정하는 것이다. 필자는 어디를 가도 교회가 제일 먼저 눈에 들어온다. 그것은 필자가 교회에 주목을 하기 때문이다. 한국 사람들이 미국 내 어디에서건 한글 간판이 먼저 눈에 들어오고 또 세탁업을 하는 분은 어딜 가나 세탁소를 먼저 보게 되고 숙박업을 하는 분은 숙박업소를 먼저 보게 되는 것과 같은 이치이다.

우리는 하루 종일 주목을 한다. 그리고 그 주목에 영향을 받게 되어 있다. 사람이 깊이 주목을 하면 주변 환경에서 어떠한 일들이 일어나도 듣지 못하고 보지도 못하게 되어 있다. TV를 깊이 빠져서 보면 다른 사람이 나를 불러도 못 듣게 된다. 또 시끄러운 연회장에서 옆 테이블의 사람들이 내 이야기를 할 때 그 소리가 들려지기도 한다. 이는 깊은 주목이 우리의 오감을 듣지 못하는 환경에서 듣고 보게 하기 때문이다. 교육학자들은 공부를 오래한다고 잘하는 것이 아니라 집중해서 하는 것이 더 효과적이라 말한다.

각 분야의 성공자는 모두 자기 분야에서 놀라운 집중력을 발휘한다. 이 집중을 강도에 따라 3가지로 구분한다. 첫 단계가 '주의집중(attention)'이다. 다음은 목표에 초점을 맞추고 집중하는 '주목(focus)'이 있다. 그리고 완전히 몰입하는 '몰두(rapt)'가 있다. 이를 다시 주목의 기인에 따라 2가지로 분류하는데 내 의지와 상관없이 나의 무의식이 집중하는 '기초 주목(bottom-up attention)'과 주목의 대상을 내가 정하는 '선택적 주목(top-down attention)'으로 구분된다. 주목의 대상을 내가 선택할 수 있으며 그 집중의 강도에 따라 내 미래가 결정되어 지는 것이다.

오늘 나는 무엇에 주목하고 있는가? 솔로몬의 잠언서에는 우리에게 보이지 아니하는 세계를 선택하여 집중하라고 이야기하고 있다. 그 주목이 나의 미래를 만들어 가기 때문이다.

009

온유한 자의 복

"온유한 자는 복이 있나니 그들이 땅을 기업으로 받을 것임이요"(마태복음 5:5)

교류분석 심리학자들에 의하면 스스로에게는 너그럽지만 남을 부정하는 사람은 많은 사람으로부터 외면을 당하게 된다고 한다. 통신회사 'AT&T'에서 조사한 바에 의하면 독불장군식 천재들은 그들의 실력을 발휘하지 못하고 기업에서 중도에 탈락한다고 한다. 이는 동료들의 협조를 받지 못하고 외면을 당하기 때문이다. 반면 일의 능력이 다소 부족해도 상사와 부하직원 그리고 동료와 원만한 관계를 가진 직원은 주변의 도움으로 오히려 기대 이상의 결과를 만들어낸다고 한다.

용장은 백 명의 군사를 다스리고 지장은 일천 명의 군사를 다스리며 덕장은 일만 대군을 다스린다 하였다. 자기의 화를 다스리지 못하고 마음을 다스리지 못하는 자를 성경에서는 동행하지도 말라 하였다. 본인의 화를 다스리지 못해 동생을 죽였던 가인과 의분을 참지 못해 사람을 죽였던 모세 등 성경에서는 화를 참지 못해 자기가 살던

곳에서 쫓겨나는 여러 인물들을 볼 수가 있다. 모세는 광야에서 그의 혈기를 죽이는데 40년이 걸렸다. 하나님은 모세 조차도 온유함을 잃어버리자 그가 가나안 땅에 들어가는 것을 허락하지 않으셨다.

하나님이 지으신 자연계도 온유한 자가 땅을 차지한다. 사자가 토끼를 잡아먹으러 다니지만 사자는 동물원에서나 볼 수 있도록 갇혀 지낸다. 반면 토끼는 사람이 사는 곳까지 넓게 퍼져 번식하고 있다. 인간의 몸도 단단한 이가 부드러운 혀를 종종 깨물지만 시간이 지나면 이는 없어지고 부드러운 혀만 남게 된다. 강한 것은 부러진다는 속담도 이에 기인한다.

성경은 형제에게 노하는 자마다 심판을 받을 것이며 형제에게 '라가(히브리인의 욕설)'라 하는 자는 공회에 잡혀가고 미련한 놈이라 하는 자는 지옥 불에 들어가게 된다 하였다.

미국 듀크대학교 레드포드 윌리엄스(Redford B. Williams) 교수가 사람이 분노하면 암세포를 죽이는 'NK 세포'가 줄어들어 면역력이 약해지고 심장병이 걸릴 확률이 높아진다고 하였다. 또 분노측정 조사에서 일반인에 비해 분노를 잘하는 사람이 50세가 되었을 때에 사망할 확률이 일반인에 비해 4-7배가 높게 나왔다고 보고하였다.

"노하기를 더디 하는 자는 용사보다 낫고 자기 맘을 다스리는 자는 성을 빼앗는 자보다 낫느니라"(잠언 16:32)

010

파킨슨의 법칙과 옥합

학생들에게 리포트를 제출하게 할 때 기한을 1주일로 하든 두 달로 하던 제출 비율이 비슷하다고 한다. 이는 시간이 많다고 좋은 성과를 내거나 할당량의 일을 더 많이 하는 것이 아님을 말하는 것으로 노스코트 파킨슨(C Northcote Parkinson)이 최초로 밝혀내어 '파킨슨의 법칙'이라고 한다.

성경에서는 머뭇거리지 않고 '즉시' 행동으로 옮김으로 인생을 역전한 이들의 이야기가 자주 등장한다. 300데나리온에 해당하는 향유 옥합을 깨어 예수님의 발에 부었던 베다니의 마리아는 그녀의 감동에 주저함 없이 즉시 그 감동을 실천으로 옮겼다.

성서학자들에 의하면 그 옥합의 가치는 당시 여자들의 결혼 지참금에 해당된다고 한다. 그러나 즉시 그것을 깨뜨려 드림으로 예수의 복음이 전파되는 곳마다 그녀의 이름도 함께 퍼지게 되었다.

심리학자 로버트 스텐버그(Robert J. Sternberg)의 조사 결과에 따르면 하위직 관리자들과 성공한 고위직 임원들의 중요한 차이점 중 하나가 일을 미루는 사람과 일을 즉시 하는 사람으로 구분된다고 한다. 또 게임브리지 대학의 윌슨교수는 "위대한 사람들의 특성을 살펴보면 과감하게 생각하고 그 생각을 즉각 실천에 옮겼다"고 했다.

믿음의 조상으로 일컬어지는 아브라함은 비록 가야할 곳을 알지 못하였지만 믿음으로 즉시 순종하여 고향을 떠났고 다윗은 나단의 책망에 즉시 회개했다. 또 예수님의 제자들은 예수님의 부르심에 곧 그물 배 그리고 부친을 버려두고 예수를 따랐다고 성경은 기록하고 있다.

일상생활 속에서 많은 사람들이 그들의 일들을 종종 미루는 것을 볼 수가 있다. "나중에 돕겠다, 나중에 선교하겠다, 나중에 열심히 하겠다, 다음 기회에 하겠다" 이런 일련의 미루는 모습과 습관에 대해 예수님은 일침을 가하고 있다.

예수님은 비유를 통하여 여러 가지 이유로 천국잔치에 참여하지 못하는 이들이 밖에서 이를 갈며 슬피 울 것이라고 말씀하셨다. 학생들이 숙제를 미루다가 또는 공부를 미루다가 시험을 맞이하여 슬피 우는 것과 같은 이치이다.

성 어거스틴은 "의지가 습관을 낳고 습관이 성격을 낳고 성격이 운명을 낳는다"고 하였다. 해야 할 일을 즉시 실천하는 습관이 성공적인 삶을 살게 하며 또한 예수님이 크리스천에게 요구하는 모습이기도 하다.

예수님은 그를 즉시 따르기를 주저했던 자들에게 하나님의 나라에 합당하지 아니하다 하셨다. 반면 예수를 즉시 따른 제자들은 세계를 변화시키는 자들이 되었다.

"그들이 곧 그물을 버려두고 예수를 따르니라"(마 4:22)

성경에서
심리학을
읽다

성경 속에 숨어있는 심리학을 통해 하나님을 바라보는 시간

PART 2.

Psychology in the Bible

011

신성과 원형

나는 최근 교인들과 함께 인디언 나바호족 선교를 갔다. 나바호 족속의 집들을 방문하고 그들의 문화를 체험하면서 이 족속의 여러 독특한 점을 발견했다.

나바호 족속의 전통 가옥인 '호건(Hogan)'을 보았더니 지붕위에 구멍을 뚫어 놓고 문은 해가 뜨는 동쪽을 향하고 있었다. 즉 가옥에서 하늘을 바라보며 하늘과 교통하기를 소망하고 문을 동쪽으로 향하고 있어 해가 뜨는 곳 생명이 있는 곳을 동경했음을 알 수가 있다. 또 이들이 죽은 후 사체를 땅에 묻을 때에는 사체를 엄마의 배속의 아이처럼 움츠리고 있는 모습으로 앉혀서 동쪽을 쳐다보는 모습으로 고정해놓고 묻는다고 한다. 이 모습을 통해 사후의 부활을 기대하는 것을 볼 수가 있다.

정신분석학의 창시자 칼 융은 인간 내면의 공통된 의식을 '원형(Archetype)'이라고 불렀다. 전 세계적으로 퍼져 있는 같은 이야기와 동일한 의식체계를 발견한 것이다. 그 중 가장 대표적인 원형이 바로 하나님과의 접촉을 갈망하는 내면의 세계라 할 수 있겠다.

특별히 인간이 짐승과 가장 확연히 다른 것은 지역과 관계없이, 문명과 관계없이, 어느 종족이든지 모두 하나님과의 접촉을 갈망한다는 것이다. 하나님과의 접촉을 위한 제례는 아프리카나 남미의 정글에서 조차도 발견할 수가 있다.

필자가 이집트를 방문했을 때 모든 피라미드 들이 나일 강 서편에 위치해 있음을 발견했다. 동쪽은 생명이 있는 곳이고 서쪽은 죽음을 상징하는 곳이었다. 그들 역시 부활을 기대하며 사체를 미라로 만들었다. 한국에서도 사람을 매장할 때 둥그런 반원형으로 만드는 것은 임신한 어머니의 배를 상징함으로 저세상에서의 새로운 탄생을 의미하는 것이고 영어의 'tomb(무덤)'과 'womb(자궁)' 역시 그 어원이 같은 것으로 새로운 생명의 탄생을 뜻하는 것이다.

모든 인류의 공통된 내면의 세계는 죽음을 이 세상의 끝으로 생각하지 않고 또 다른 영혼의 새로운 세계의 시작으로 이해하고 있는 것이다. 칼 융은 "하나님의 존재에 대해서 나는 모르지만 인간의 내면의 세계는 하나님과의 접촉을 갈망하는 세계가 존재한다"고 했다.

나는 전 인류의 공통된 기억과 갈망을 영혼의 세계에 대한 기억이라 본다. 죽음은 그것으로 끝이 아니라 흔히 죽음을 '돌아가셨다'고 표현하는 것처럼 모든 인류의 무의식 세계는 또 다른 세계를 바라보고 갈망하고 있는 것이다.

인간은 현실의 세계에 안주하고 만족하는 존재가 아니라 보이지 않는 세계를 갈망하고 추구하는 영적인 존재이다.

"만일 그리스도 안에서 우리가 바라는 것이 다만 이 세상의 삶뿐이면 모든 사람 가운데 우리가 더욱 불쌍한 자이리라"(고전 15:19)

012

크리티컬 매스 (Critical Mass)와 연쇄반응

'크리티컬 매스(Critical Mass)'는 물리학에서 시작된 개념으로 '임계질량'으로 번역된다. 핵분열성 물질이 일정한 조건에 스스로 연쇄반응을 일으키는 최소의 질량을 말하는 것으로 심리학 경영학 사회학에서도 차용하여 사용된다. 어떤 변화를 얻기 위해 필요한 충분한 수나 양으로 변화를 일으키는 최소한의 조건을 말하는 것이다.

신앙에서도 내가 원하는 모습을 얻기 위해 요구되는 최소한의 부분이 있다. 나아만 장군이 한센 병을 고치기 위해 최소한 요구됐던 부분은 요단강에서 일곱 번 목욕을 하는 것이었고 여리고성을 무너뜨리기 위해 최소한 요구됐던 것은 1주일간 매일 여리고 성을 돌고 마지막 날에는 일곱 바퀴를 온전히 돌아야 하는 것이었다.

성경에서 말하는 임계질량은 하나님이 요구하는 '온전한 순종'이다. 아니 오히려 "오리를 가자하면 십리를 가라" 말씀하신 것처럼 넘치는 온전한 순종을 요구하고 있다. 하나님의 역사를 방해하는 것은 불순종으로서 이는 온전한 순종에 끼어드는 불순물과 같은 것이다.

온전한 주일 성수 온전한 십일조 온전한 사랑 등 하나님이 말씀하신 명령에 온전히 순종하는 모습에 내가 원하는 모습을 얻을 수 있는 것이다. 그래서 시편에서는 "여호와를 기쁘시게 하는 자의 마음의 소원을 들어 주신다"고 하였다. 하나님을 기쁘게 하는 것은 그의 말씀에 부분적인 순종이나 이해되는 부분의 순종이 아니라 이해되어지지 않는 부분까지도 온전히 순종하는 것을 말하는 것이다.

사도바울이 말한 것처럼 "하나님이 자기를 사랑하는 자들을 위하여 예비하신 모든 것은 보지도 듣지도 생각지도 못한 것으로 우리에게 주신다"(고린도전서 2:9)고 했는데 이는 내가 하나님 안에 거함을 전제에 두고 있다. 손에 쟁기를 들고 뒤를 돌아보는 자는 하나님 나라에 합당하지 않다고 하였다. 손에 쟁기를 들은 것은 하나님의 말씀을 온전히 신뢰하지 못하는 것을 말하는 것이다.

성경에서 말하는 법칙은 부분적인 순종이 아니라 전체적인 통전적인 순종 안에서 그 규모의 크기에 상관없이 온전한 여부에 따라 역사가 일어나는 것이다. 마치 고구마를 하나 꺼내면 연쇄적으로 계속 고구마 줄기가 나오는 것처럼, 이 온전한 순종 뒤에는 반드시 하나님의 축복이 연쇄적인 반응으로 나타나게 되어 있다.

013

활기찬 인생과 공동체

공동체의 요건이 과연 우리들의 건강 또는 장수와 상관관계가 있을까?

30년간 우울증을 연구한 유대인 심리학자 마틴 셀리그만(Martin Seligman)이 두 수도원에서 생활하는 수녀들을 조사했다. 한 수도원은 활기가 넘치는 수도원이었고 또 한 수도원은 무미건조한 수도원이었다. 활기찬 수도원에서 생활한 수녀들 중 85세까지 장수한 사람들이 90%에 이르렀고 반면 무미건조한 수도원의 수녀들 중 85세까지 산 수녀들은 단지 34%에 불과했다. 또 활기 넘치는 수도원의 수녀들 중 94세까지 산 수녀들이 54% 절반이 넘은 반면 무미건조한 수도원의 수녀들은 94세까지 산 수녀가 단지 11%에 불과했다고 한다.

수녀들의 생활패턴이 규칙적이고 단순하여 비교적 오차 범위가 없는 가운데 오직 활기찬 공동체와 그렇지 못한 공동체간의 건강과 수명에 관한 조사였다. 활기찬 삶이 우리의 정신과 육체적인 건강에 밀접한 관계가 있음을 말해 주는 조사 결과였다.

예수님은 "아버지(하나님)가 일하시니 나도 일한다"고 하셨으며 성경에서는 달란트 비유를 통해 아무것도 하지 않았던 한 달란트 받은 종을 주인은 악하고 게으른 종이라 책망한 예가 기록되어 있다. 우리가 일에 중독되어서도 아니 되겠지만 내가 하는 일을 사랑하고 매일 같이 반복되는 무미건조한 삶이 아니라 새로운 일을 창조하고 찾고 구하는 모습이 바로 기독교의 정신이요 건강한 개인과 공동체의 모습이라 할 수 있겠다.

1993년 미시간 주립대의 스테파니 브라운(Stephanie Brown) 교수가 다음과 같은 연구결과를 발표했다. 1987년부터 디트로이트 근교에 사는 노인 423쌍의 생활 패턴과 생존율의 관계를 조사 했더니 친구 친척 이웃에게 직접적인 도움을 많이 준 사람이나 배우자를 정성껏 돌본 노인들이 그렇지 않은 노인들보다 생존율이 월등히 높은 것으로 나타났다고 한다.

천재적인 기억술로 명성을 떨친 에란카츠(Eran Katz)는 다음과 같은 말을 하였다. "사람은 무슨 일이든 결국에는 적응하게 되어 있다. 그런데 바로 그 적응이 우리의 개성과 지성을 발전시키는데 큰 걸림돌이 된다. 왜냐하면 누구나 편안하다고 느끼는 그 순간 바로 우리의 두뇌 활동이 멈추게 되기 때문이다."

성경은 우리에게 세월을 아끼라 하였으며 죽도록 충성하라 하였다.

"좀더 자자 좀더 졸자 손을 모으고 좀더 눕자 하면 네 빈궁이 강도같이 오며 네 곤핍이 군사같이 이르리라"(잠언 6:9~11)

014

생체리듬과 칠일

우리 인간의 몸은 우주와 연결되어 있어 태양과 달의 주기를 읽고 그에 반응하며 살아가고 있다. 인간의 몸에 생체시간이 있음이 과학적으로 이미 증명되었다.

우리 몸은 태양의 주기에 따라 낮과 밤에 반응하여 밤에는 피곤함을 느끼며 잠을 청하고 낮에는 수면에서 깨어나게 된다. 또한 달의 주기와 같이 여자는 한 달마다 몸이 반응을 하고 있다. 이와 같이 사람이 하루와 한 달에 반응하며 또 매 식사 시간마다 신체가 반응하는 것은 모든 사람에게 생체시간을 읽는 유전자가 있다는 것이다.

이처럼 사람은 아침 점심 저녁을 신체가 구분하고 하루의 낮과 밤을 구분하며 한 달 한 달에 반응하는 것처럼 인간은 일주일 즉 칠일을 몸으로 읽을 수 있도록 창조되었다.

여러 가지 학설이 있지만 세계 역사는 칠일주기를 10일 주기로 바꾸었다가 여러 차례 실패를 거듭하였다. 고대 로마에서 7일주기를 10일로 바꾸었다가 실패했으며 근대에서는 프랑스가 1793년 러시아가 1929년 7일 주기를 10일로 변경했다가 실패하여 다시 7일 주기로 변경하였다. 러시아의 경우 10일 주기로 변경 후 일의 생산성이 오히려 더 떨어져 하는 수없이 7일 주기로 다시 바꾸었다. 한 달에 3일을 쉬는 10일 주기보다 한 달에 네 번을 쉬는 7일 주기가 일의 생산성에 더 높은 효과를 나타낸 것이다.

인체는 우주와 합일하여 낮에는 일을 하고 밤에는 잠을 자게 되어 있듯이 모든 인체는 7일에 하루는 쉬도록 창조가 되어 있는 것이다. 바쁜 이민 사회 속에서 휴식 없이 매일 일을 한다면 그것은 돈을 버는 것이 아니라 오히려 내 몸을 망가뜨려 더 많은 비용을 지출케 하는 결과를 초래할 수 있다.

이제는 현대 의학의 발달로 몸의 7일 주기가 과학적으로 설명되고 있다. 몸의 스트레스를 조절하는 호르몬 적혈구 혈압 심장 박동 등이 7일 주기를 가지고 있으며 시간 생물학 분야에서 식물과 단세포에서조차 칠일주기를 가지고 있다고 밝혀내고 있다.

한 실험에서 육일 동안 일하고 7일에 안식한 경우 육체가 완전한 최상의 상태로 재출발 할 수 있지만 10일까지 일을 한다면 이틀을 쉬어도 스트레스 호르몬이 0으로 떨어지지 않음을 현대 의학에서 밝혀냈다.

"너는 엿새 동안에 네 일을 하고 일곱째 날에는 쉬라"(출 23:12). 과학적이고 생산적인 성경 말씀이다.

015

이미지 트레이닝 (Image training)과 요셉

자신의 모습을 형상화하는 훈련을 '이미지트레이닝'이라고 한다. 미국 클리블랜드 병원 신경과학자 광예 박사는 이미지 트레이닝만으로 근육을 강화하고 키울 수 있다는 것을 증명해보였다. 생각만으로 팔이나 다리 근육에 직접적 영향을 준 다는 것이다.

또, 미국 텍사스 대학 종양방사선과의 칼 사이몬톤(O. Carl Simonton) 박사는 마인드 컨트롤을 통해 암환자를 낫게 했다고 한다. 환자에게 몸 안에 암세포를 잡아먹는 상상을 함으로 암세포를 죽이는 것이다. 사이몬톤 요법으로 환자의 평균 수명이 2배로 늘어났다고 한다.

어떤 모습을 형상화 하느냐에 따라 그것이 신체에 영향을 주게 된다. 심리학자 앨렌 랭거(Ellen Langer)의 조사에서 노인들이 자신을 20살이라고 상상하며 행동할 때 지적 기능, 시력, 자세나 걸음걸이가 현저히 좋아졌다고 한다.

성경 속에서 요셉은 자신이 꿈을 꾼 후 해와 달 그리고 별이 자기에게 절을 하는 모습을 형상화 하고 형제들이 자기에게 절을 하는 이미지를 형상화 한다. 아브라함은 하늘의 별과 바다의 모래를 보고 자식의 축복을 형상화했던 것처럼 이미지를 만들어 내는 것이 미래의 모습을 결정하는 중요한 역할을 한다.

자신의 미래 모습을 구체적으로 형상화한 경우와 그렇지 않은 경우 어떻게 미래가 달라지는가에 대해서 조사한 통계가 있다.

1979년 하버드 대학 경영대학원에서 미래의 꿈에 대한 설문 조사를 했다. 미래의 목표를 글로 써서 기록한 사람이 3%, 목표가 있는 사람이 13%, 목표가 없는 사람이 84%였다. 10년 후 그들을 다시 조사했더니 목표가 있던 동문들이 목표가 없던 동문들 보다 2배의 소득을 더 올리고 있었으며, 글로 자기의 목표를 기록했던 동문들은 목표만 가지고 있던 자들보다 10배의 수익을 올리고 있었다. 1953년 예일대학에서도 비슷한 조사를 했다. 글로 자신의 미래를 적은 사람이 3%, 목표만 가지고 있는 사람이 30%, 목표를 가지고 있지 않다고 한 사람이 67%였다. 20년 후 그들을 재조사 했더니 글로 미래를 쓴 3% 동문들이 나머지 97% 동문들이 가진 부를 다 합친 것 보다 더 많은 부를 가지고 있었다고 조사하였다.

세계적인 영화감독 스필버그 역시 젊은 시절 유니버설 스튜디오 빈 사무실에 허락 없이 자기 사무실을 차려 놓고 감독 행세를 했다고 한다. 자신의 꿈을 형상화하고 그렇게 행동한 것이다. 마치 성경속의 요셉처럼 그도 꿈을 꾸는 자였다.

"서로 이르되 꿈꾸는 자가 오는 도다"(창 37:19)

016

패러다임과 과학

얼마 전 빛보다 빠른 중성미자 재발견이라는 기사를 보았다. 3년간 1만 6,000회 측정결과라고 하는데 만약 이것이 사실이라면 아인슈타인의 상대성 이론은 수정이 불가피하게 된다.

많은 사람이 과학은 절대 불변의 진리라고 믿고 있는데 사실 과학은 새로운 이론에 의해서 계속 수정돼 왔다. 과학은 가설에서 시작해서 동일한 연구결과를 통해 정설이 되지만 과학기술의 발달로 새로운 측정기구와 발전된 모델을 사용하여 새로운 가설이 나타나면 우리가 믿는 정설은 폐기되고 새로운 가설이 그 자리를 대신하게 된다. 그래서 프린스턴 대학의 토마스 쿤(Thomas Samuel Kuhn) 박사는 최초로 패러다임이라는 용어를 사용하여 과학은 동시대 사람들이 공유하는 믿음이라고 정의하였다. 이 믿음이 시대에 따라 다르게 변하기 때문에 과학은 절대 불변의 진리가 아니라 하나의 믿음이라는 것이다.

우리가 흔히 말하는 코페르니쿠스의 대발견은 천동설에서 지동설로의 전환을 말한다. 그러나 천동설 역시 당시 그들이 측정할 수 있는 오감과 수학계산으로 내려진 당시의 과학이었기에 그것을 잘못되었다거나 미개하다고 볼 수 없다. 단지 새로운 과학적 도구와 이론이 나오면서 기존의 과학 이론이 폐기되게 된 것이다. 코페르니쿠스가 말한 수학적 계산으로 내린 지동설은 후에 티코 브라헤라는 사람에 의해 지구는 움직이지 않고 행성이 태양주위를 돌고 다시 태양이 지구를 돈다는 수정된 천동설로 코페르니쿠스와 똑같은 값을 도출해내어 과학적으로 전혀 문제가 되지 않았다. 그러나 그것이 갈릴레오에 의해 망원경으로 측정되면서 동시대 사람들이 공유했던 믿음(과학)이 바뀌게 된 것이다.

뉴턴이 발견한 만유인력의 법칙도 아인슈타인의 상대성 이론에 의해 수정되었고 만약 이번 기사처럼 빛보다 빠른 중성미자가 발견되었다면 아인슈타인의 상대성 이론역시 수정될 수밖에 없다.

인간이 말하는 과학은 이제까지 절대불변은 없었다. 과학은 계속 수정되어왔고 변해왔다. 과학자는 과학에 대한 믿음으로 신앙인은 본인이 가진 절대 신에 대한 믿음으로 사는 것이다. 그렇다면 이 세상에 무신론자는 없는 것이다.

다만 측정된 과학만을 불변의 진리로 믿는다면 이는 그 과학이 수정될 수 있고 변화될 수 있고 또 폐기 될 수도 있다는 것을 간과하는 것이다. 과학을 초월한 절대 신의 믿음의 세계를 본다면 더 풍성한 삶을 공유할 수 있을 것이다.

"창세로부터 그의 보이지 아니하는 것들 곧 그의 영원하신 능력과 신성이 그가 만드신 만물에 분명히 보여 알려졌나니 그러므로 그들이 핑계하지 못할지니라"(롬 1:20)

017

아르키메데스의 원리

미국 식품 의약국(FDA)이 의회에 보고한 내용에 따르면 50년 전 하루에 복숭아 2개면 충분했던 비타민은 지금은 50개를 먹어야 그 때의 함량에 미친다고 한다. 현재 우리가 살고 있는 자연의 흙이 노쇠하여 그 기능을 상실해 간다는 증거다. 자연이 인간의 욕심에 따라 쉬지 않고 계속 개간되어져서 그 기능을 점점 상실해 간 것이다.

자연도 생물도 모두 쉼이 필요하다. 농사를 짓는 분들이 땅을 나누어서 한해 농사를 짓고 그 다음해에 안식을 취해주고 옆의 땅에 농사를 해줘야 땅의 산성화를 막을 수 있는 것처럼 인간에게도 이런 쉼과 안식이 필요하다.

나의 이전 칼럼에서 인간에게 필요한 안식이 7일에 한번 씩 쉬어야 함을 언급했었다. 더하여 인간은 때때로 휴가나 여행 등을 통하여 정신적 육체적 안식을 취해 주어야 더 생산적인 삶을 살 수가 있는 것이다. 고대 그리스의 학자 아르키메데스에게 어느 날 왕이 한 가지 문제를 준다. 금 세공업자에게 금을 주어 왕관을 만들어 오게 하였는데 왕관에 손을 대지 않고 금을 온전히 사용했는지 빼돌렸는지를 알

아내라는 것이었다.

몇 날 며칠을 고민하던 아르키메데스는 도저히 방법을 찾아 내지 못하자 모든 것을 내려놓고 휴식을 취하기로 결심한다. 그리고 편안한 마음으로 물속에 들어가면서 갑자기 문제의 해답을 찾게 된다. 그것이 바로 우리가 과학 시간에 배우는 부력의 법칙이다. 이것을 심리학에서는 아르키메데스의 원리라고 말하여 사람이 안식을 취할 때 아이디어를 얻게 되고 현재의 문제의 답을 찾게 된다는 것이다.

예수님은 공생애를 시작하기 전 40일간 광야에서 있었고 모세도 민족을 구원하기 전 40년을 광야에서 있었고 사도바울 또한 공생애를 시작하기 전 아라비아 광야에 있었다고 성경은 기록하고 있다. 내가 매일 있는 곳을 떠나 산으로 바닷가로 광야로 떠나는 것도 쉼과 안식이 된다. 이때 새로운 아이디어가 떠오르게 되고, 해결되지 않은 문제의 답을 찾게 된다. 또는 온천에 몸을 담그거나 하루 종일 잠을 자는 것도 도움이 되고, 가장 좋은 것은 종교 활동을 하며 성전에 찾아가는 것도 일상을 떠나 새로운 해답을 찾는 아르키메데스의 원리라고 할 수 있겠다.

"이는 너희가 쉴 안식일이라 너희는 스스로 괴롭게 하고 이 달 아흐렛날 저녁 곧 그 저녁부터 이튿날 저녁까지 안식을 지킬지니라"(레 23:32)

018

학습된 무기력

'긍정의 심리학'을 창시한 마틴 셀리그만(Martin Seligman)에 의하면 무기력은 학습된다고 한다. 그는 학창시절 실험 심리학을 배우기 위해 펜실베이니아 대학원을 진학했다. 거기서 세계적인 학습 이론가 솔로몬 교수의 지도 아래 '개'를 대상으로 실험할 기회를 얻었다. 소리를 들려준 후 전기 자극을 주는 실험이었다. 그리고 소리만 들려주었을 때 전기 자극을 받는 것 같은 공포를 관찰 한 것이다. 거기서 파블로프의 조건형성을 만들게 되었다. 그 후 낮은 벽 칸막이가 쳐진 두 칸짜리 상자 안에 개를 집어넣고 소리를 들려주었다. 그러면 개가 옆 칸으로 이동할 것이라는 기대를 가지고 개를 학습시키려 하였다. 그러나 소리를 들은 개는 옆 칸으로 뛰어 넘어가지 않고 '낑낑'대며 엎드렸다고 한다. 즉, 개가 '무기력'을 학습한 것이다. 무엇을 하건 아무 소용이 없다고 느낄 때 아무런 시도도 하지 않는다는 것이다. 그의 결론은 무기력은 학습 되어질 수 있고, 또 재학습을 통해 무기력이 다시 제거 될 수 있다는 것이다.

예수님의 달란트 비유 중 한 달란트를 받은 자는 실패를 두려워하여 아무것도 하지 않는 것을 볼 수가 있다. 아마도 이전에 실패에 대한 경험이 그를 무기력하게 했는지 모르겠다. 그러나 성경에서 가르치는 학습은 포기하지 않는 삶을 말한다. 실패를 두려워하여 아무것도 하지 않은 한 달란트 받은 자를 예수님은 악하고 게으른 종이라고 하였다. 또, 구약성경의 욥은 수많은 역경과 고난 속에 있었지만, 스스로 포기하지 않고 환난과 고통을 인내한 후에 내가 순금과 같이 되리라는 소망을 말하고 있다(욥23:10). 요셉 역시 17세에 종으로 팔려가고, 이어 감옥에 들어가게 되지만 그의 삶을 포기 하지 않고 소망을 가졌을 때, 그는 30세에 이집트의 총리대신으로 등극하는 것을 볼 수가 있다.

성경의 모든 가르침은 학습된 무기력을 제거하는 것이다. 지나간 세월 실패를 반복했어도, 여전히 성경은 소망을 간직하게 한다. 아브라함에게 75세에 아들을 주실 것이라는 약속 이후 25년이 지나도록 아들을 갖지 못한 아브라함에게 그 소망을 포기하지 않게 하기 위하여 다시 그에게 나타나 학습된 무기력을 제어하신다. 오늘 혹시 내가 지난 삶의 과오와 실패로 학습된 무기력에 빠져 있다면 지금 개선된 나의 능력과 변화된 환경을 인지하지 못하는 것이다.

"할 수 있거든이 무슨 말이냐 믿는 자에게는 능히 하지 못할 일이 없느니라"(마가복음 9:23)

019

스키마(Schema)

인지 심리학에 의하면 사람들은 자신만의 '스키마'를 통해 세상을 보고 이해한다고 한다. '스키마'는 자신이 이해하는 사유의 틀을 말한다.

선입견이나 고정관념도 스키마의 한 형태로 이해되어 질 수 있다. 성경에서는 "나사렛에서 무슨 선한 것이 나겠느냐"고 말한 나다나엘의 '스키마'를 볼 수 있다. '나사렛'이라는 시골 동네에서 우리를 구원해줄 메시야가 태어날 수 없다는 그의 '스키마(고정관념)'를 볼 수 있다.

인지발달 이론의 대표적인 학자인 장 피아제는 인간이 환경에 적응해 가는 과정을 '동화(assimilation)'와 '조절(accommodation)'의 연속이라고 보았다. 동화는 자신의 스키마에 맞춰 환경을 이해하는 것이고 조절은 기존의 스키마로 새로운 정보를 받아들이지 못하는 경우 새 환경을 이해하는 새 사고의 틀을 말하는 것이다. 이런 조절의 과정을 거치지 못하면 '인지 부조화(cognitive dissonance)' 현상이 일어나 자신의 스키마의 틀에 벗어나는 환경의 요인을 제거

하려고 하는 모순이 일어나게 된다.

세상은 너무나 빠르게 사상도 문화도 유행도 변하고 있다. 그러나 과거의 나의 스키마에 갇혀서 변화된 세상을 바라보지 못하고 나의 관점에서 이해한다면 변화된 상황과의 갈등을 겪게 된다. 그러나 스키마는 고착된 것이 아니라 학습과 경험을 통해 지속적으로 변화될 수 있다. 따라서 잘못된 또는 지나간 과거의 스키마에 갇혀 있다면 나의 사고의 프레임을 새롭게 하려는 노력이 필요한 것이다.

교회 내에서도 본인이 경험한 이전 교회의 전통과 학습으로 자신만의 스키마가 형성되어 있는 경우 새로운 교회의 환경과 상황을 전혀 고려하지 않고 자신의 스키마에 맞추어 제단 하고 또 부합시키려 할 때 공동체가 갈등을 겪게 되는 경우가 더러 있다. 더 심한 경우에는 그 문제 요인을 제거하려 할 때 상충되는 문화 간에 큰 충돌을 하게 된다.

성경에서는 옛 습관을 벗어버리고 심령을 새롭게 하고 새 사람을 입으라고 말하고 있다(에베소서 4:22-24). 과거에 붙잡혀 있다면 코페르니쿠스적인 새 사상이 탄생할 수도 없고 발전도 없는 것이다. "겉 사람은 후패하나 우리 속사람은 날마다 새롭다"(고린도후서 4:16)라는 사도바울의 말처럼 나만의 스키마에 갇혀 있지 말고 날마다 새로운 문화 과학 사상을 좀 더 유연하게 받아들이는 독자들이 되기를 소망한다.

"네 몸의 등불은 눈이라 네 눈이 성하면 온 몸이 밝을 것이요 만일 나쁘면 네 몸도 어두우리라"(눅 11:34)

020

'미시 동기'와 '거시 행동'

노벨 경제학상을 받은 토머스 셸링(Thomas Schelling)은 '미시 동기와 거시 행동'이라는 책에서 작은 동기와 선택이 어떻게 커다란 현상이 되는가에 대해 기술했다. 셸링은 '강연에 참석하는 자가 뒷자리에 앉는 것은 각자의 목적 지향성을 갖고 그렇게 행동하기 때문'이라는 가설을 세웠다. 빨리 나가고자 하는 마음 다른 사람의 뒤에 앉고자 하는 등의 동기가 그로 하여금 맨 뒷자리에 앉게 한다는 논리다. 모든 행동의 결과는 마음의 동기에 기인한다는 것이다.

재능이 타고난다고 믿는 사람들과 재능이 노력의 결과라고 믿는 사람들을 두 부류로 나누었다. 전자의 견해를 '불변이론(Entity Theory)'라고 하고 후자를 '증진이론(Incremental Theory)'라고 한다. 실험은 어느 부류가 옳은가를 구분하는 것이 아니라 각 견해를 지지하는 부류 집단들의 목표설정과 달성 과정의 차이를 연구했다.

그 결과 두 부류의 목표와 달성 과정에 큰 차이가 있다는 결과가 나왔다. 전자의 이론을 지지하는 자는 도전 정신이 부족하고 목표 역시 재능에 맞게 목표를 낮춰 잡았다고 한다. 반면 후자의 이론을 지지하는 자들은 자신의 재능보다 높은 수준의 목표를 선호하고 실패의 경우에도 거기서 무엇을 배울 수 있다고 생각했다고 한다.

결론적으로 증진이론을 지지하는 자들이 목표와 삶의 성취도가 높게 조사되어졌다고 한다. 이는 태어나면서 위대한 사람이 없고 위대한 결단이 위대한 사람을 만든다는 단적인 예라고 할 수 있겠다. 작은 생각의 차이가 커다란 삶의 차이를 가지고 온 것이다.

이렇듯 작은 생각 또는 작은 행동이 전혀 다른 목표와 결과를 가져올 수 있다. 1987년 브룩 헤이븐 국립연구소의 세 명의 물리학자의 실험에 의하면 탁자 위에 모래알을 하나씩 떨어뜨려 변화를 실험했더니 특정한 상태에 이른 모래더미를 무너뜨리는데 단 하나의 모래알이 더해질 때 무너진다는 것이다. 작은 모래알 하나가 방향과 형태를 완전히 다르게 변화시킬 수 있다는 것이다. 나의 작은 마음가짐과 작은 행동이 커다란 변화를 일으킨다는 것이다. 오늘 나의 마음을 바꾸면 커다란 변화를 가져올 수 있다. 그래서 성경은 무엇보다 마음을 지키라고 말하고 있다.

"모든 지킬 만한 것 중에 더욱 네 마음을 지키라 생명의 근원이 이에서 남이니라"(잠언 4:23)

PART 3.

Psychology in the Bible

021

수면의 신비

수면과 우리의 일상생활에 어떤 상관관계가 있을까? 정신 의학자 스틱골드는 지난 2,000년 인지 신경과학 잡지에 "새로운 지식이나 기술을 익히려면 그것을 외우거나 배운 당일 6시간 이상 잠을 자야한다"는 연구결과를 발표했다. 잠을 자는 동안 기억이 정돈된다는 것이다. 즉 수면을 줄여서 학습을 하거나 연구하는 것보다 충분한 수면이 지식습득이나 새로운 아이디어를 만들어 내는데 더 좋다는 것이었다.

2004년 독일 뤼벡 대학의 본 박사가 '네이처'지에 발표한 연구결과에 보면 66명의 피실험자를 3그룹으로 나누어서 퍼즐을 보여주었다고 한다. A그룹은 아침에 문제를 접하고 8시간 동안 생각하면서 기억을 정리하게 했고 B그룹은 밤에 문제를 보고 밤새워 8시간을 기억하도록 했다. 마지막 C그룹은 문제를 본 후 8시간 동안 잠을 자게 했다. 8시간 경과 후 그룹 A와 B는 20점을 그룹 C는 60점을 맞아 C그룹이 3배 이상 높은 점수를 맞았다고 한다. 즉 문제를 보고 밤 새워 고민하거나 하루 종일 고민한 경우보다 그 문제를 본 후 생각하고 바로 잠에 든 경우 오히려 기상 후 그 문제의 답을 찾게 되는 경우를 말한 것이다.

도서관에 오래 앉아 있다고 공부를 잘하는 것이 아니라 짧은 시간이라도 집중해서 해야 좋은 성과를 내는 것처럼 사람이 장기간 일이나 학업을 하여서 지치게 되면 거기서 일의 능률성을 찾을 수 없게 되고 오히려 손실을 가져 오게 되는 것이다. 이를 학습 심리학에서는 '플래토(plateau) 현상'이라고 한다. 더 이상 진전 없는 정지 상태를 뜻한다. 이때 휴식과 수면을 통하여 다시 '플래토 현상'을 벗어나게 되면 일이나 학업에 성장곡선을 가져오게 된다.

충분한 수면을 취하지 못하면 학습이나 일의 장애뿐만 아니라 육체에까지 문제가 생기게 된다. 단면 세계 기록에 도전하여 11일간 수면을 취하치 않은 가드너 소년을 조사해본 결과 수면을 취하지 않은 2일째 눈의 초점을 잃고 시력이 떨어졌으며 3-4일째 이미 우울증과 불안증세 그리고 환각증상을 보였다고 한다. 수면을 취하지 못하면 우울증으로 전이되고 우울증이 심해지면 자살 충돌을 일으키게 된다.

"여호와께서 그의 사랑하시는 자에게는 잠을 주시는 도다"(시편 127:2)

하나님께서 사랑하는 자에게 잠을 주신다고 하셨다. 충분한 휴식과 잠이 우리의 삶을 풍성하게 한다.

022

통 아저씨와 배기즘(Bagism)

희랍의 철학자 디오게네스는 행복을 위해서는 자족과 무치가 중요하다고 설파하였다. 단벌의 옷과 보자기와 나무통만을 갖고 다니면서 방랑하였던 그를 '나무 통속의 철인'이라고 불렀다. 나무 통속에서만 살고 있으며 이사를 하고 싶으면 그것을 굴려서 어디든지 갔다.   그의 관한 일화로 알렉산더 대왕과의 대화가 유명하다. 알렉산더 대왕이 "뭔가 원하는 것이 없는가?"고 물었더니 대왕에게 "아무것도 없으니 햇볕만 가리지 마시오. 볕을 쪼일 수가 없소"하고 '침해받은 햇빛'을 돌려 달라했다. 알렉산더는 그에게 세속적인 것을 주려했지만 디오게네스는 세속적인 것에 관심이 없었기 때문에 알렉산더가 그에게 줄 수 있는 것은 아무것도 없었다. 국가도 나라도 물질도 그를 가두어 둘 수 없었다. 그가 통에 갇혀 사는 것이 아니라 오히려 그가 아닌 우리가 우리만의 통속에 갇혀 살고 있는 것이다. '통 아저씨' 디오게네스처럼 비틀즈의 존 레논은 그의 여인 오노 요코와 가방속에 들어가 인터뷰를 하며 '배기즘(Bagism)'을 몸으로 보였다. 존 레논 역시 자신만의 가방 속에서 소통하지 않고 단절된 사회를 묘사

했다. 정치, 종교, 성별, 신분, 빈부에 갇혀서 나만의 세계에 갇혀있음을 말하였다. 그 세계를 깨고 찢고 나와야 함을 역설했다. 헤세의 소설 '데미안'에 보면 이런 글이 나온다. "새는 알을 깨고 나온다. 알은 새의 세계이다. 태어나려는 자는 한 세계를 파괴해야만 한다." 알을 깨야 새가 나올 수 있다. 옛날이나 지금이나 현세적인 너무 많은 문제에 갇혀 살고 있다. 돈에 갇혀있고 향락에 그리고 출세에 갇혀있다. 갇혀있는 자가 어떻게 날수 있을까. 분석 심리학의 칼 융이 말한 '페르소나(본래 그리스의 연극배우들이 썼던 가면)'처럼 나 아닌 모습으로 살아가는 사람들이 자신을 잃어버리고 남들에게 비치는 모습으로 갇혀 살아가고 있다. 특별히 경직된 사회일수록 집단적인 페르소나를 중시한다고 한다. 포장된 모습에 갇혀 사는 그들의 행복 역시 가면으로 꾸며진 것이다. 성경에서 사도 바울은 "어떠한 환경에서든지 배부름과 배고픔과 풍부와 궁핍에 자족함의 일체의 비결을 배웠다"(빌립보서 4:11-12)고 했다. 눈에 보이는 허상에 갇혀 살지 말고 눈에 보이지 않는 실상으로 믿음 소망 사랑 가운데서 산다면 참된 자유의 행복을 얻을 수 있다.

023

마태효과와 감사의 결과

미국의 사회학자 로버트 머튼(Robert K. Merton)이 부의 집중 현상을 '마태효과'라고 했다. 성경은 "가진 사람은 더 받아서 차고 남을 것이며 가지지 못한 사람은 가진 것 마저 빼앗길 것"(마태복음 13:12)라고 말한다. 아이러니하게 없는 사람에게 주어야 할 것 같은데 없는 자는 있는 것 마저 빼앗기며 가진 자는 더 받는다는 것이다.

필자가 살고 있는 팜 스프링스도 사막이라 1년에 몇 차례 비가 오지 않는다. 이 황량한 사막에 비가 좀 내려야 할 것 같은데 이곳에는 비가 내리지 않고 비 좀 덜 와도 될 것 같은 밀림에는 하루가 멀다 하고 비가 내린다. 밀림에 풍부한 강수량이 비를 가져오고 사막의 황량함이 뜨거운 태양만을 가져오는 것이다.

모든 것에는 중력처럼 당기는 힘이 있다. 성경에서는 이스라엘 백성이 광야에서 멸망한 이유가 원망을 하다가 멸망했다고 기록하고 있다(고린도전서10:10). 기쁨은 기쁨을 가져오고 감사는 감사를 가져오며 원망은 멸망을 가져오게 되는 것이다.

하나님이 아브라함에게 너를 축복하는 자를 내가 축복하고 너를 저주하는 자를 내가 저주하리라 하셨다 그 말씀은 축복은 축복을 가져오고 저주는 저주를 가져온다는 말씀으로 재해석 할 수 있다. 그래서 성경은 '복에 복을 더 하사'라고 말하며 '은혜 위에 은혜러라'라고 기록하고 있다. 복 있는 자에게 복이 오고 은혜 받는 자에게 더 큰 은혜가 임한다는 것이다.

따라서 오늘 나에게 원망할 일이 있어도 감사를 하면 원망의 고리가 끊어지고 감사할일이 생기며 슬픈 일이 있어도 기뻐하면 기뻐할 일이 생긴다는 것이다. 톰킨스라는 심리학자가 '안면 피드백 이론'을 말하며 사람이 행복해서 웃는 것이 아니라 웃어서 행복하다고 주장하였다.

웃는 자에게 더 웃을 일이 생기고 슬픈 얼굴에 더 슬픈 일들이 생기는 것은 결국 웃음도 슬픔도 자기가 만드는 것을 알아야 한다.

천국은 여기 있다 저기 있다가 아니라 내 마음에 있기 때문이다. 힘들어서 원망하면 또 원망을 낳지만 어렵고 힘들어도 감사하면 감사할일이 웃을 일이 생길 것이다. 세상은 내가 창조해 나가는 것이다. 한해를 마무리하면서 슬펐던 일들도 원망스러운 일들도 다 잊고 기쁜 일과 감사한일만 생각하고 고백하자.

"무릇 있는 자는 받아 넉넉하게 되되 없는 자는 그 있는 것도 빼앗기리라"(마 13:12)

024

주역(周易)과 지나감

주역에는 음양의 법칙이 있다. 음의 기운이 다하면 양의 기운으로 변하고 양의 기운이 다하면 음의 기운으로 변한다는 것이다. 주역에선 달이 차면 기운다고 말하고 있다. 내가 캄캄한 어두움 속에 있다면 곧 날이 밝을 것을 의미하며 따가운 태양 볕에 있다면 곧 해가 질 것을 의미한다. 이는 그 어느 것도 영원한 것이 없음을 말한다.

솔로몬의 지혜서에 보면 좋은 것도 슬픈 것도 영원하지 않다. "천하 범사에 기한이 있는데 울 때가 있고 웃을 때가 있고 찾을 때가 있고 잃어버릴 때가 있고 사랑할 때가 있고 미워할 때가 있다"(전도서 3장) 좋은 날이 있으면 슬픈 날도 있는 것이며 슬픈 날이 있으면 좋은 날도 있는 것이다. 그래서 기쁜 날이라 자고 할 것도 못되며 슬프다 하여 우울해만 할 것도 아니다.

유대교 경전 주석서 '미드라쉬'에 보면 다윗 왕이 세공업자에게 한 가지 부탁을 한다. 다윗 왕이 전쟁에 나가 큰 승리를 거두어 환호할 때도 교만하지 않고 큰 절망 가운데 있을 때에도 낙심하지 않고 용기와 희망을 가질 수 있는 글귀를 반지에 새겨 달라고 요청하였다. 그

때 세공업자가 고심 끝에 그의 아들 솔로몬 왕자에게 도움을 청하고 솔로몬 왕자는 '이 또한 지나가리라'라는 글귀를 주었다. 영광도 슬픔도 다 지나간다는 것이다. 그래서 성공할 때는 겸손해야 할 것이고 실패할 때도 슬퍼하지 말고 소망을 가져야 할 것이다.

한자어 중 '위기(危機)'의 '기'는 기회라는 뜻으로 동양의 철학에서 위기는 기회로 여겨지고 있다. 주역에서 음이 양을 포함하고 있고 양이 음을 포함하고 있는 것처럼 위기는 기회를 포함하고 있고 기회는 위기를 포함하고 있는 것이다.

세계적인 경제 위기 가운데 신음하는 많은 한인들이 있다. 그러나 이 또한 지나 갈 것이기에 우리는 소망을 가져야 한다. 알프레드 아들러가 인간을 열등감을 극복하여 더 나은 인간으로 나아간다고 보았던 것처럼 우리 삶속에 찾아오는 모든 불안과 어려움은 우리를 더욱 성장시키는 과정으로 보아야 한다.

욥기서의 욥이 동방의 부자로 지내다가 모든 것을 잃고 고난 가운데 이런 고백을 한다. "나의 가는 길을 오직 그가 아시나니 그가 나를 단련하신 후에는 내가 정금과 같이 나오리라"(욥기 23:10) 그의 고백처럼 그의 고난 뒤에 이전보다 더 큰 축복 가운데 거하게 된다. 어떠한 고난도 곧 지나갈 것이며 그 고난은 나를 더욱 정금과 같이 빛나게 할 것이다.

"의인은 고난이 많으나 여호와께서 그의 모든 고난에서 건지시는도다"(시 34:19)

025

'로고테라피 (logotherapy)'와 희망

오스트리아의 정신과 의사였던 빅터 프랭클(Victor Frankl) 박사는 제 2차 세계대전 당시 나치의 포로수용소에서 유대인 대학살 현장을 직접 겪었다. 그는 수용소에서 풀려 난후 '인간의 의미에 대한 탐구' '죽음의 수용소에서'라는 책으로 세상에 널리 알려졌다.

프랭클 박사는 "삶의 의미를 깨닫는 것이 극한 어려운 상황을 극복할 수 있는 유일한 길"이라고 했다. 그는 수용소에서 끝까지 소망을 잃지 않은 사람들이 살아남았으며 반면 소망을 포기한 사람들은 심신이 최악의 상태로 진행되어 결국 절망이 그들을 죽였다고 말했다. 특별히 동료들에게 소망을 갖도록 격려하는 사람들은 여러 가지 고문 속에서도 생존해 남았다고 한다. 그는 깊은 고통의 현장에서 인간 존재의 의미를 발견한 후 '로고테라피(logotherapy)'의 창시자가 되었다.

지옥 같은 아우수비치의 수용소 속에서 소망을 갖고 있으면 죽지 않는다는 것을 직접 목격하고 그 효과를 증언했다. 어떤 일이 일어나는 것은 사람이 좌우할 수 없지만 그 일어난 일에 대한 반응과 느낌은 선택할 수 있다고 했다.

정신분석학자이며 사상가로 전 세계에 널리 알려진 '에리히 프롬'은 인간을 '호모 에스페란스'라고 정의했다. 즉 인간은 희망을 가지고 사는 존재라는 것이다. 사람만이 꿈을 가지고 살아간다. 주위에서 날마다 죽어나가도 오늘의 삶의 의미를 찾고 절망하는 이들에게 소망을 전해 주며 꿈을 가지고 사는 자들이 바로 인간이며 신은 그들의 영, 혼, 육에게 생명을 주는 것이다.

2차 세계대전 아우슈비츠의 수용소를 경험하고 노벨 평화상을 수상한 루마니아 출신 문학가 '엘리비젤'도 그의 책에서 다음과 같은 이야기를 남겼다.

"아우슈비치 수용소에서 유대인들이 많이 죽어 갔다. 굶어 죽고 지쳐서 죽고 병들어 죽고 매 맞아 죽고 가스실에서 죽었다. 하지만 무엇보다 희망이 없기 때문에 죽어갔다."

요즘 교회와 길가에 아름다운 크리스마스트리로 장식되어 있는 것을 보면 마음이 설렌다. 교회력은 성탄절 전 4주 대강절로 시작된다. '대강절'은 '기다림'의 절기이다. 예수 탄생을 기다리고 또다시 오실 예수를 기다리는 것이다. 예수를 믿는다는 것은 희망이 있다는 것이고 소망이 있다는 것이다. 이번 성탄절은 슬픔과 근심의 성탄절이 아니라 모두에게 꿈과 소망을 간직한 아름다운 성탄절이 되기를 소망한다.

"우리가 소망으로 구원을 얻었으매 보이는 소망이 소망이 아니니 보는 것을 누가 바라리요"(롬 8:24)

026

최적각성 이론과 자극

1951년 캐나다 맥길(McGill) 대학에서 뇌파동조이론으로 유명한 헵(Hebb) 박사가 '감각 박탈 실험'을 했다. 눈도 가리고 귀도 막고 손 역시 통속에 넣어 모든 감각을 박탈한 대신 마음껏 잠을 잘 수 있고 식사와 화장실 가는 것만 허락했다. 하루에 20달러씩 받기로 했던 피 실험자들이 채 하루를 견디지 못하고 환청을 듣기 시작해 중도에 포기했다고 한다. 하는 수 없이 헵 박사가 직접 이 실험에 피 실험자가 되었다. 그 후 7일째 환각과 환청 등 거의 미칠 지경에 이르러 그 역시 7일 만에 포기했다고 한다. 여기서 얻은 이론이 사람은 자극을 추구한다는 '최적 각성 이론'이다.

사람은 자극을 추구하며 살아가고 있다. 이 이론에 따르면 실업자가 수입이 없어서 힘들어 하기도 하지만 그들이 할 수 있는 것이 없고 자극이 없어서 힘들어 하는 부분이 크다고 한다. 사람이 은퇴를 하면 쉽게 우울증에 빠지고 늙게 되는 것 역시 자극을 잃어버리기 때문이다.

주의력 결핍(ADHD) 아동들의 경우 과도한 활동량과 주의력 부족

현상을 가지고 있다. 이들을 안정시키기 위해서 처음 시도한 치료가 '진정제'였다. 그러나 오히려 아이들의 행동이 더욱 과격해진 것이다. 그래서 이번에는 반대로 '흥분제'를 처분했다. 그랬더니 그제야 아이들이 잠잠해진 것을 관찰했다. 몸이 과도한 활동을 하지 않아도 충분히 흥분이 되어 있기 때문이었다.

사람은 누구나 자기가 원하는 자극의 분량이 있다. 이 자극을 없애면 사람은 미쳐가는 것이다. 성경은 허무한 자극을 추구하는 것이 아니라 날마다 새로운 자극을 추구하며 살도록 우리를 권면한다. "내가 새 일을 행하리니 광야에 길을 사막에 강을 내리라"(이사야 43:19)고 하셨다. 하나님께서 우리에게 새 일을 행하실 것이라는 것은 새로운 자극을 주시겠다는 것이다.

맹자도 '무적국외환자 국항망(無敵局外患者 國恒亡)'이라 하여 외국의 위협이 없는 나라는 망한다고 하였다. 아무런 자극이 없으면 나라도 공동체도 개인도 망하고 죽게 되는 것이다.

나를 쳐 복종케 해야 할 것은 나의 안일함과 게으름과 무사 안일주의와 매너리즘이다. 건전한 자극이 나를 날마다 새롭게 한다. 새로운 자극으로 여러분 인생 최고의 하루 하루가 되기를 기원한다.

027

'테라피(Therapy)'란

요즘 심리치료에 여러 가지 '테라피(Therapy)'라는 용어가 등장한다. 음악치료 미술치료 독서치료 등 그 치료의 형태가 다양해 졌다. '테라피'란 무엇인가? 치료 또는 요법이라고도 번역되는 이 단어의 어근이 되는 그리스어의 'Therapeia'는 '봉사'를 의미한다. 이 단어는 아리스토텔레스 히포크라테스 필로 요세푸스 저작들에서도 볼 수 있다. 즉 고대의 치료는 '봉사'를 의미하고 있다. 의사가 환자들에 대한 봉사와 돌봄 섬김이 환자의 환부를 치료하는 데에 도움이 되는 것이다. 이는 정신적인 치료도 마찬가지이며 오늘날 종교의 지도자도 정치 지도자도 같은 맥락에서 이해되어질 수 있다. '테라폰(Therapon)'과 가장 가까운 그리스어 동의어가 '디아코노스(diakonos, 하인)'이라는 단어이다. 이는 교회에서 쓰는 '집사(deacon)'와 같은 단어로 '하인' 또는 '종'을 의미한다. 고대 세계에서는 '테라페이아(therapeia)'는 라틴어의 '미니스테리움(ministerium)'으로 번역되었다. 이는 '치료자(therapist)'와 '교역자(minister)'의 개념 사이에는 매우 가까운 언어적 유사성이 있음을 알 수가 있다. 치료는 바로 돌봄에서 시작된다는 것이다. 예수님의 사역 중 설교 돌봄 치유 이 3가지 사역은 서로간의 연결이 되어 있다. 설교를 통해 돌봄과 치유가 이루어지고 돌봄을 통해 치유가 되기 때문이다. 1주일 간 교회에 가서 목사님들의 말씀을 듣고 돌봄과 치유를 경험하게 되는 것이다. 소그룹 모임의 지도자들은 자기 그룹의 공동체 들을 돌봄으로 그들의 삶에 치유가 이뤄지는 것이다. '세퍼드(Shepherd)'라는 말이 '목자'란 뜻도 있지만 '세파드'라는 '양을 지키는 개'라는 뜻을 포함하고 있는 것을 보면 목자는 양들을 위한 충실한 개이기도 하다. 그것이 바로 돌봄과 치유가 아닌가 싶다. 그러나 이런 사명의식 없이, 직업으로 사무적인 돌봄을 하는 자를 성경은 '삯군'이라고 한다. 병을 고치는 의사나 영의 세계를 다루는 목사나 나라를 다스리는 정치인이나 모두 양을 지키는 개처럼 그들을 돌볼 때 그 목자는 참 목자요 그 양들은 참된 치유를 얻게 된다고 본다.

"나는 너희를 치료하는 여호와임이라"(출 15:26)

028

응시(凝視)와 경청

심리학자 메르페셀은 "인간의 지식 중 65%가 눈으로 얻어진다"고 했다. 25%는 귀로 얻어지고 10%는 촉각으로 얻어지며 나머지는 미각과 후각에 의해 얻어진다고 한다. 그 후 40년이 지난 후 일본 K기업이 광고전략 분석을 하며 조사한 바에 의하면 시각이 83%, 청각 11%, 촉각 1.1%, 미각 1%였다고 한다. 40여 년간 시각에 의한 정보가 20%나 증가한 것이다.

눈을 통해 매초 10억 개의 메시지를 뇌에 보낸다는 사실을 안다면 우리의 시선이 얼마나 중요한지 알 것이다. 필자가 교회 강단에서 때로는 사업체에서 설교나 강의를 하면서 느끼는 것이 설교자를 바라보며 경청하는 비율이 한국인이 아무래도 미국인에 비해서는 비율이 떨어지는 것을 많이 느꼈다. 쉽게 볼 수 있는 예가 미국에서 대통령 취임식 때 대통령의 연설을 듣는 많은 사람이 자유로운 복장과 자유로운 자세로 있지만 연설이 시작되면 연설자를 응시하며 경청하는 것을 볼 수 있다.

그러나 한국의 대통령이 취임식 할 때는 좀 더 복장도 갖추어 입고 자세도 경직되어 있지만 막상 연설이 시작되면 순서지 보는 사람, 옆 사람과 이야기하는 사람, 순서지로 부채질하는 사람, 다양한 모습을 볼 수가 있다.

이는 비단 공적인 자리뿐만 아니라 우리 일상생활에서도 종종 눈에 띈다. 필자가 미국인과 한인 가정들을 방문해 보면 한인 가정에서 어머님들이 아이들이 무언가를 물어보고 이야기를 하면 아이들을 쳐다보지 않고 대답하는 경우를 많이 봤다.

교회 내에서도 눈을 감고 주보를 보고 전화기를 만지면서 설교를 듣는 것은 정확한 메시지를 듣는데 장애가 되며 그것은 말하는 자에 대한 예의가 아니라고 할 수 있겠다. 필자는 얼마 전 한인 심리학자와 이야기를 하는데 그분이 서구 사회에서 상대방의 눈을 바라보지 않고 이야기하는 것은 상대방에게 나의 이야기에 관심이 없음을 암시하는 것이라 말하였다. 특별히 눈을 피하는 것은 상대방을 속인다는 느낌마저 줄 수 있기에 사업관계에서의 서로간의 응시는 매우 중요하다고 할 수 있다. 신뢰는 서로간의 애정 어린 응시와 경청에서 시작된다.

"네 눈을 잠들게 하지 말며 눈꺼풀을 감기게 하지 말고"(잠 6:4)

029

지도자의 열정과 교육

GE의 CEO 잭 웰치(John Frances Welch Jr)가 미시간 대학 MBA 특강에서 "CEO에게 중요한 것은 자신의 에너지 그리고 다른 사람을 에너지로 넘치게 하는 것 그리고 행동으로 실천하는 것이다."라고 말했다.

산업 심리학에서는 교육이 직원으로 하여금 30배의 가치를 더하여 회사로 돌아오게 한다는 결과를 보고하고 있다. 직원을 교육시키는 CEO가 능력 있는 CEO가 되는 것이다. 일상적인 업무를 전달하는 것이 아니라 직원의 태도와 의식 가치관과 목적의식을 심어주는 교육이 자기 공동체에 자부심을 느끼게 하고 그것이 곧 자기 기업의 발전으로 연결되는 것이다.

예수님도 그의 공생애 전체가 자기 제자를 교육 시키는 데에 바쳤다. 그리고 땅 끝까지 복음 증거하는 일이 제자들에게 위임됐다. 위임은 교육으로 가능했던 것이다. 캐나다 미디어 이론가 마샬 맥루한(Herbert Marshall McLuhan)이 '미디어는 인간의 확장'이라고 말한 것처럼 공동체 교육은 공동체 이념의 확장을 도모하는 것이다.

교회가 부흥하기 위해서는 교인과 부교역자를 교육시켜야 하고 사업이 발전하려면 직원 교육에 투자를 해야 한다. 특별히 작은 교회와 자영업을 하는 분들은 더욱 더 스태프들의 교육을 필요로 하는데 오히려 규모가 작다는 이유에 교육을 시키지 않는 경우가 많다.

한 조사에 의하면 미국 투자자 77%가 회사가 아닌 CEO의 이름을 보고 투자 대상기업을 선택한다고 한다. CEO 자체가 거래 가능한 자산인 것이다.

최근에 세상을 떠난 스티브 잡스(Steven Paul Jobs)만 봐도 그의 이름만 가지고도 세계적인 브랜드 가치가 되는 것을 볼 수가 있다. 스티브 잡스 역시 직원들을 설득하고 같은 비전에 동참하도록 집요하게 요구했다.

결과를 만들어 내는 CEO는 직원을 편하게 해주는 CEO가 아니라 직원의 잠재력을 최대한 끌어내는 지도자이다. 자기를 따르는 자들에게 분명한 목표를 제시하고 한 마음을 갖고 같은 비전을 갖도록 교육하는 것이 지도자의 역할이다.

성경은 "주안에서 한마음을 품으라"고 말한다. 공동체에서 지도자가 제시하는 비전에 대한 동일한 비전을 가져야 된다.

"그러므로 예수께서 그들에게 이르시되 내가 진실로 진실로 너희에게 이르노니 아들이 아버지께서 하시는 일을 보지 않고는 아무 것도 스스로 할 수 없나니 아버지께서 행하시는 그것을 아들도 그와 같이 행하느니라"(요 5:19)

030

관찰자 효과와 천직

심리학자 맥퍼슨(Gary McPherson)이 157명의 악기 연습하는 아이들을 조사하였다. 같은 연습을 한 아이들이 9개월 후 현격한 차이를 가지기 시작했는데 크게 아이들의 마음가짐 세 가지에 따라 그들의 실력의 차이가 드러났다고 한다. 첫 그룹은 1년만 하기로 결심한 아이들과 두 번째 그룹은 고등학교 졸업 때까지 하기로 결심한 아이들 그리고 마지막으로 평생 하기로 결심한 아이들이 서로 다른 연주 실력을 보인 것이다. 평생 하기로 결심한 아이들은 본인 스스로 음악가로 생각을 했으며 1년만 하기로 결심한 아이들보다 4배다 더 수준이 높게 조사됐다. 내가 만난 많은 목회자와 기업가 교육자 예술가 등을 만나면서 위와 같이 세 가지 그룹으로 나뉘어 볼 수 있었다. 지금 하는 일을 잠시 하고자 하는 사람들과 한동안 해보고자 하는 사람들 그리고 평생 이 일에 내 삶을 드리겠다고 결심하는 사람들로 나뉘어 질수 있다. 그러나 위에서 살펴 본 바와 같이 내가 이 일에 평생을 받치겠다고 생각하는 사람과 1년만 해보자고 생각한 사람과 단순 비교를 해봐도 4배의 결과의 차이가 나타났다. 이는 비단 예술 분야뿐만 아니라 학습 분야에서도 보건 분야에서도 동일한 결과를 도출하였다. 이것을 '관찰자 효과'라고 한다. 내가 지금 하는 일을 바라보는 방향에 따라 같은 일을 해도 결과에서 현격한 차이를 드러낸다는 것이다. 어떤 목사님이 시골교회에서 몇 년간 있다가 도시로 가야겠다고 생각하고 또 어떤 분이 미국에서 몇 년간만 있다가 한국에 들어가야겠다고 생각한다면 지금 현재의 삶의 자리에 제한을 가져오게 되는 것이다. 지금 내가 하고 있는 일을 평생 한다고 생각한다면 지금 내가 하고 있는 일에 대한 생각과 자세가 사뭇 달라 질 것이다. 내가 지금 하고 있는 일을 성경적인 가치관에서는 소명 또는 천직이라고 이야기한다. 하나님이 나에게 맡겼다는 것이다. 성경은 우리가 무엇을 하든지 주께 하듯 하고 주를 사랑함에도 내 마음과 뜻을 다하여 사랑하라 하였다. 이와 같이 우리가 현재하고 있는 일도 마음과 뜻을 다하여 해야 할 것이다.

"그의 평생에 그를 여호와께 드리고 삭도를 그의 머리에 대지 아니하겠나이다"(삼상 1:11)

성경에서
심리학을
읽다

성경 속에 숨어있는 심리학을 통해 하나님을 바라보는 시간

PART 4.

Psychology in the Bible

031

고갈되는 자제력

심리학자 로이 바우마이스터(Roy Baumeister)가 그의 동료들과 자제력 고갈 실험을 했다. 굶주린 대학생들 앞에 '쿠키'를 놔두고 대신 '무(radish)'를 먹게 하였다. 또 한 그룹은 '무(radish)' 대신 '쿠키'를 먹게 하였다. 잠시 후 두 그룹을 모아 답이 없는 퍼즐 문제를 풀게 하였더니 쿠키를 먹지 못했던 그룹은 8분 후에 문제 푸는 것을 포기하고 쿠키를 먹었던 그룹은 19분 동안 문제를 풀다가 포기했다. 쿠키를 먹지 못했던 그룹은 이미 자제력이 많이 소진되었기 때문이었다.

이 연구의 결과는 우리의 자제력과 의지력은 고갈된다는 것이다. 그래서 새해에 세운 결심과 의지력들이 시간이 지나면서 고갈돼 다시 옛 습관으로 돌아가게 되는 것이다.

이에 나는 지속적인 새로운 결심과 의지 대신에 삶의 그릇을 바꾸기를 제안한다. '스위치'의 저자 칩히스(Chip HJeath)는 그의 책에서 코넬 대학의 브라이언 완싱크(Brian Wansink)의 연구결과를 말하였다. 영화관에서 큰 용기의 팝콘을 받은 자가 작은 용기의 팝콘을 받은 자보다 더 많이 섭취한다는 연구 결과였다. 이는 다이어트를 하는 많은 사람이 그들의 의지력과 자제력이 고갈되어 다시 원래의 식생활로 돌아가지만 만약 집안의 그릇을 작은 그릇으로 바꾸면 다이어트에 성공한다는 것이다. 내 삶의 환경을 내 목적에 맞게 바꾸는 것이다.

고갈돼가는 의지와 결단으로 변화를 지속적으로 추구할 수 없기에 내 삶의 사이클 안에 자연스러운 환경을 조직이나 또는 누군가와 함께 만든다면 내 의지의 고갈 없이 나는 내 목적하는 바를 이루게 되는 것이다.

학생들은 집에서보다 밖에서 공부하는 것을 선호한다. 이것을 '동조 효과'라고 하는데 집에서 아무리 "공부를 해야지"하고 결심을 해도 내 의지와 자제력이 고갈되어 학습을 지속하는 데에 여러 장애물에 의해 제약을 받기 때문에 나를 공부 할 수밖에 없는 상황으로 집어넣는 것이다.

성경은 "옛사람과 그 행위를 벗어버리고 새사람을 덧입으라"(골 3:9-10)고 말한다. 새 옷을 입으면 내 생각도 삶의 양태도 그 옷에 맞게 변화될 것이다.

032

도미노 연쇄 반응

'도미노 연쇄반응(Domino Chain reaction)'의 실험을 보았다. 5mm 도미노를 핀셋으로 잡아 세워 쓰러뜨렸더니 1.5배씩 그 힘이 커져서 13번째 100파운드짜리 도미노가 쓰러졌다.

그 때 가해진 힘이 처음 힘의 20억 배에 해당한다고 한다. 만약 그 도미노를 29번째까지 지속한다면 엠파이어스테이트 빌딩을 쓰러트릴 수 있다고 한다. 정말 작은 힘이 29번째 만에 예측할 수 없는 힘으로 커져 버린 것이다.

내가 동부에 살 때 방문해 보았던 템플대학이 그 규모가 어마어마해서 주립대학인가 했더니 사립대학이라 해서 그 기원을 찾아보았다. 러셀 콘웰(Russell H. Conwell) 목사님이 세운 대학이었다. 그 기원을 찾아보니 한 소녀가 교회를 방문했다가 자리가 없어 들어가지 못하고 2년 후 병으로 세상을 떠나면서 57센트를 건축헌금으로 드리고 세상을 떠나게 되었다.

이 유서를 러셀 콘웰 목사님이 장례식에 읽어 주었더니 수많은 사람이 모금운동에 참여해서 25만 달러가 모금됐고 커다란 교회와 병원 그리고 템플대학까지 세워지게 된 것이다. 57센트로 시작된 작은 헌금이 25만 달러로 커다란 교회와 대학까지 짓게 되는 첫 단추가 되었다.

1968년 미국 컬럼비아 대학교 심리학 교수팀이 길거리에 지갑을 떨어뜨려 행인들의 반응을 조사했는데 평균 45%의 신분증이 주인에게로 돌아왔다고 한다. 그런데 6월 4일 단 하나의 신분증도 주인에게로 돌아오지 않았다고 한다. 바로 로버트 케네디가 암살당한 날이었다. 부정적인 소식이 연쇄반응을 일으켜 부정적인 행동을 일으키게 된 것이다.

성경에도 이런 예는 무수히 많다. 겨자씨만한 믿음만 있다면 산을 옮기고 못할 것이 없다고 예수님이 말씀하셨고 물고기 두 마리와 떡 다섯 개로 5000명이 먹고 남았다고 성경은 기록하고 있다.

나의 작은 생각 작은 행동 작은 긍정의 언어가 큰 역사를 만들어 내는 것이다. 내가 지금 가지고 있는 달란트를 땅에 묻어 두어서 아무런 역사도 없는 것이지 무엇이든지 작게라도 시작한다면 내가 생각지도 못한 커다란 열매의 결실을 맺게 될 것이다.

"이르시되 너희 믿음이 작은 까닭이니라 진실로 너희에게 이르노니 만일 너희에게 믿음이 겨자씨 한 알 만큼만 있어도 이 산을 명하여 여기서 저기로 옮겨지라 하면 옮겨질 것이요 또 너희가 못할 것이 없으리라"(마 17:20)

033

마음을 읽는 미립자

물리학에서 이중슬릿 실험을 통해서 미립자가 사람의 생각을 읽고 거기에 따라 움직이는 것을 밝혀내었다. 미립자를 관측하며 곧게 날라 갈 것이라는 생각이 미립자를 곧게 날라 가게 하고 미립자를 바라보지 않을 때는 물결로 날라 가는 것이었다. 나도 이 실험을 처음 보았을 때 경악을 금하지 못했다. 우주의 미립자가 내 생각을 읽고 거기에 따라 과학적 실험결과가 바뀌는 것이었다. 덴마크의 노벨 물리학상 수상자인 보어(Niels Bohr) 역시 이 실험의 충격을 받고 “이 요술에 충격을 받지 않는 사람은 이해하지 못한 것이다”라는 말을 하기도 했다. 즉 미립자가 관찰 받는 사실을 알게 될 경우 관찰자의 생각에 따라 움직인다는 것이다. 이 우주는 미립자로 가득 차 있다. 우리의 생각을 측정하는 뇌파도 식물도 동물도 음식도 모든 것이 다 미립자로 되어 있다. 중성 미립자는 빛보다도 빠르다는 실험결과를 발표하였고 물리학의 ‘EPR 쌍입자’ 이론에 의하면 미립자가 시간과 공간을 초월해서 정보를 주고받는다고 한다. 이것을 ‘비국지성(non-locality)’라고 부르며 아인슈타인은 이것을 ‘멀리서 일어나는 으스

스한 행동(spooky action at a distance)'라고 표현하였다. 즉 우리의 생각은 우주의 만물에 시간과 공간을 초월해 영향을 미칠 수 있다는 것이다. 일본의 에모토 박사의 물에 관한 실험이 사람들이 물에 대하여 어떤 말을 하느냐에 따라 그 입자가 변하는 것을 증명해 보였다. 모 방송사에서 이것을 다시 물이 든 병에 글자를 붙여 실험을 하였는데 글자 내용에 따라 긍정적인 글자에는 아름다운 결정체가 부정적인 글자에는 결정체가 깨져 버린 것이다. 글자만으로도 동일한 실험결과가 나타났다. 미국에서는 1966년 CIA 백스터(Cleve Backster)가 식물에게 거짓말 탐지기를 붙여 놓고 물을 주자 모니터에 기쁨 반응이 나타났다고 한다. 식물이 감정을 가지고 있고 더 재미있는 것은 잎사귀를 떼어버릴까 하는 생각만으로도 공포반응을 일으켰다고 한다. 그래서 성경은 "네 생각이 결과를 만든다"(예레미야 6:19)고 하였다.

034

문설주와 메주자

사람이 글자를 쳐다보는 것만으로도 영향을 받을 수 있을까. 우리가 흔히 보는 식당에 붙어 있는 성구나 가정에 붙어 있는 성구들이 믿음의 범주를 떠나 글자 자체에 효능이 있다고 볼 수 있을까. 예전 모 방송사에서 한 실험을 통하여 피실험자 12명을 대상으로 30여 개의 노인관련 글을 보여준 후 이들이 무의식중에 걸음이 느려지는 것을 관측하였다. 반대로 청년에 관련된 글을 보여준 후 이들의 걸음걸이가 빨라지는 것이 관측됐다. 이들은 의식하지 못한 상태에서 글자에 영향을 받아 행동에 변화를 가져오게 된 것이다. 성경은 하나님의 말씀(쉐마)을 '메주자'라는 통에 넣어 문설주에 붙이고 또 말씀을 넣은 작은 상자를 가죽 끈으로 묶어 우리 미간(이마)과 팔과 손목에 붙이고 다니라고 명하고 있다. 이는 글자를 쳐다만 봐도 거기에 영향을 받는다는 것을 생각할 때 이스라엘 백성이 왜 그렇게 많은 노벨상을 수여받고 그들의 교육이 유독 전 세계적으로 주목받는지 다시 한 번 생각해 보게 된다. 필자가 이스라엘로 성지순례를 갔을 때 호텔 입구에 '쉐마'라는 글자판이 적혀 있는 '메주자'가 문설주에 붙어 있는 것을 보고 특이하다는 생각을 하였는데 이후에도 어느 건물을 막론하고 화장실이나 창고를 제외한 모든 문마다 '메주자'에 적혀 있는 '쉐마'의 하나님 말씀을 볼 수 있었다. 예전에 한국에서 다니엘 학습법의 김동환 목사 간증집회를 참석한 적이 있다. 서울대학교 수석 졸업이라는 타이틀에 강남 학부모들이 빈자리가 없을 정도로 꽉 차 있었다. 그의 간증 중 무엇보다 특별한 것은 말씀과 함께 영어단어 수학공식 과학 공식 등을 집안 곳곳에 붙여 놓았다는 것이다. 오늘 내가 접하는 글자에 내가 영향을 받고 산다면 이왕이면 힘을 주는 글자 소망을 주는 글자를 보며 지내는 게 나에게 긍정적인 영향을 주지 않을까 싶다. 하나님의 말씀은 살았고 생명력 있다는 말씀처럼 소망의 말씀을 곳곳에 붙이고 새 힘을 공급받는 독자들이 되기를 소망한다.

"너는 또 그것을 네 손목에 매어 기호를 삼으며 네 미간에 붙여 표로 삼고 또 네 집 문설주와 바깥문에 기록할지니라"(신명기 6:8-9)

035

분노와 투사

우리나라 속담에 "동대문에서 빰 맞고 한강에서 화풀이 한다"는 말이 있다. 분노를 다스리지 못하고 엄한 곳에 화풀이하는 것을 말한다. "군자(君子)는 화를 전이하지 않는다"고 하였는데 이렇게 화를 조절하지 못하는 것을 동양에서는 소인배(小人輩)라고 하였다. 우리 두뇌 속에는 분노 증오 슬픔 공포 등을 조절하는 뇌의 부위가 있는데 이를 '아미그달라(편도체)'라고 한다.

하버드 대학의 테일러(Jill Taylor) 박사는 분노나 부정적인 감정의 자연적 수명이 90초라고 정의했다. 우리가 화를 내는 순간 스트레스 호르몬이 온몸의 혈관으로 퍼져나가는데 90초 후에는 사라진다는 것이다. 그런데 90초 후면 죽는 이것을 계속 되새기면서 분노를 재생산하여 자기 자신을 스스로 죽여 가는 것이다. 미국 듀크 대학의 레드포드 윌리엄스(Williams Redford B. Jr.) 교수에 의하면 분노를 측정하는 질문지에 분노 수준이 높게 나타나는 사람들이 50세가 되었을 때에 사망할 확률이 4-7배가 더 높았다고 이야기하고 있다. 사람이 분노를 하면 암세포를 죽이는 NK 세포가 줄어들어 면역력이 약해지고 심장병에 걸릴 가능성이 높아진다고 한다.

분노를 할 때 아드레날린과 노르아드레날린이 분비되어 첫째 혈압이 올라가고 맥박이 빨라진다. 둘째 지방이 분비되어 지방이 간에서 콜레스테롤로 전환되어 콜레스테롤수치가 높게 나타난다. 셋째 혈중 혈소판을 더 많이 응고 시켜 동맥 혈관을 막아 심장 질환이 일어난다는 것이다. 그래서 레드포드 윌리엄스 교수는 사람들에게 분노를 느끼고 그들에게 공격적으로 대하는 사람들은 천천히 자기 자신을 죽이는 것이라고 하였다.

성경은 "분을 내어도 죄를 짓지 말며 해가 지도록 분을 품지 말라"고 이야기했다(엡 4:26). 이는 분노를 오랜 시간 가지고 있지 말라는 것이다. 그것은 다른 누군가를 위해서가 아니라 바로 본인을 위한 것이다. 하나님이 우리를 창조하시고 살 게 하신 에덴동산의 '에덴'이라는 뜻이 '기쁨'이라는 뜻인 것을 보면 사람은 본래 분노가 아닌 기쁨 가운데 살게 창조되었음을 알 수가 있다.

036

소유냐 존재냐

영어로 'existence(존재)'는 'ex(out)'와 'sistership(standing)'의 합성어 즉 'out of standing(자기 선 자리에서 나옴)'이라는 뜻이 된다. 이것은 자기의 현재 영역을 나오려는 인간 존재의 실체를 말하는 것으로 이것을 다른 말로 바꾸면 '희망'이라고 할 수 있겠다.

필자의 셋째 딸이 유치원에 들어가려면 1년을 더 기다려야 하는데 매일 매일 유치원에 간다고 한다. 이제 그 아이도 '자기존재'를 느끼기 시작한 것이다. 지금 내 자리를 벗어나 새로운 세계로 가고자 하는 열망이 생긴 것이다. 수험생은 대학생의 자리로 들어가기를 소원하고 대학생은 취업의 자리로 들어가기를 희망한다. 죽음을 앞둔 자들은 영원의 세계로 들어가려고 한다. 이것은 지극히 당연한 인간의 본성이다. 에리히 프롬((Erich Seligmann Fromm)의 '소유냐 존재냐'를 보면 이 '희망'에는 두 가지 종류가 있음을 알 수가 있다.

그의 책에 보면 "소유를 하면 할수록 그 양은 늘어가지만 그보다 더욱더 강한 소유욕이 발생하여 얻고 난 후 만족감이 생기기보다는 더 큰 허무감과 더 큰 소유욕이 생긴다고 말한다. 그러므로 자신의 존재가치를 찾기 위해 소유의 노예에서 빠져나와야 한다"고 말한다.

얼마 전 기사에서 로또 복권 당첨자들의 행복지수가 일반인에 비해 현저하게 수치가 낮다고 보고 하였다. 이는 심리학적으로 이들의 행복 기대치가 갑자기 높아져서 예전에는 소소한 일들에 행복해 하고 감사했던 감정들이 지금은 커다란 선물과 큰 즐거운 일에도 별로 감흥을 받지 못하기 때문이라고 한다. 이는 소유가 마치 나를 행복하게 해줄 것이라는 왜곡된 생각의 결과를 잘 대변해준다.

이스라엘 백성이 이집트를 벗어나 새로운 세계로 들어가고자 했던 것은 그들이 먹을 것 입을 것 잠잘 곳이 없어서가 아니었다. 하나님의 백성으로서 존재의 가치에 대한 열망이었다. 하나님은 그들의 존재적 희망의 탄식 소리를 들으시고 그들을 구원하셨다고 기록하고 있다(행 7:34). 오늘 내가 꿈꾸는 소원이 소유의 개념인가 존재의 개념인가 만일 하나님의 자녀로서 존재적 꿈을 꾼다면 바로 지금부터 내 마음의 천국을 경험하게 될 것이다.

"믿음으로 모세는 장성하여 바로의 공주의 아들이라 칭함 받기를 거절하고"(히 11:24)

037

용서

필자가 예전에 '밀양'이라는 영화를 보았을 때 용서에 대해 많은 생각을 하게 되었다. 그 영화를 보면서 극중 주인공 신애(전도연 분)는 예수를 믿은 후 자기 아들을 죽인 유괴범을 용서하러 감옥으로 찾아 간다. 그런데 고통 속에 괴로워할 줄 알았던 유괴범이 너무나 평안한 얼굴로 이미 하나님이 자기 죄를 용서해 주었다고 이야기한다. 그 순간 신애는 분노를 참지 못하고 그동안 자기가 받았던 고통은 무엇인가? 내 아이의 고통은 무엇인가? 내가 피해자인데 나보다 먼저 하나님이 그를 용서했다는 그 사실에 교회를 떠나고 방황하게 한다. 정말 하나님은 아이를 살해한 그 유괴범을 용서했을까? 용서는 개념이 방대하지만 성경에서 말하는 기본적인 용서의 개념을 간략하게 정리해 보고자 한다.

일단 용서는 '가해자'와 '피해자' 두 부류로 분리할 수 있겠다. 그럼 용서는 누구를 위한 것일까? 가해자를 위한 것일까? 아니면 피해자를 위한 것일까? '밀양'이라는 영화에서 '용서'는 가해자를 위한 용서였다. 사실 용서란 피해자를 위한 것이어야 되지 않을까? 물론

가해자 역시 돌봐줘야 될 대상이지만 일차적인 대상은 피해자일 텐데 피해자는 없어지고 오직 가해자에게 집중된 상황이었다. 다음 용서는 반드시 사죄함이 뒤 따라야 하는 것인가? 가해자의 뉘우침 없이 용서가 가능한가? 이것은 '피해자' 자신을 위한 것이라면 가능할 것이다. 피해자가 상처와 괴로움에서의 해방되기 위해서 '가해자'가 사죄를 하든안하든 상관없이 용서를 하는 것이다.

실제로 위스콘신 대학 로버트 엔라이트(Robert D. Enright) 교수에 의하면 용서하지 못하는 자들은 스트레스 호르몬인 코티졸이 면역체계에 영향을 주어 스트레스 관련 질병에 걸릴 확률이 높고 혈관에 쌓인 콜레스테롤로 심장병 걸릴 확률이 높다고 보고하였다. 즉 용서는 일차적으로 나 자신을 위한 것이라 하겠다. 내가 정신적으로 육체적으로 건강함을 유지하는데 용서는 필수적이라 할 수 있겠다. 그러나 그 용서가 쌍방적인 화해의 개념이 되기 위해서는 가해자가 반드시 사죄를 하여야 하며 특별히 가해자가 공동체에 피해를 준 경우에는 더더욱 그러하다.

"그 때에 베드로가 나아와 이르되 주여 형제가 내게 죄를 범하면 몇 번이나 용서하여 주리이까 일곱 번까지 하오리이까 예수께서 이르시되 네게 이르노니 일곱 번뿐 아니라 일곱 번을 일흔 번까지라도 할지니라"(마 18:21-22)

038

행복하십니까?

헤밍웨이(Ernest Miller Hemingway, 1899년 7월 21일 - 1961년 7월 2일)의 '무기여 잘 있거라'를 보면 두 남녀가 비가 오는 날 만나서 비 오는 날 헤어지는 것을 볼 수가 있다. 무신론자였던 헤밍웨이는 인생을 눈물로 시작해서 눈물로 끝난다고 말하고 싶었던 것 같다.

결국 그는 노년에 장총으로 자살을 선택하게 된다. 그 많은 유명세를 안고도 인생의 만족하지 못하는 그 무언가가 있었다. 성경의 가치관은 창세기 일장에 하나님의 천지창조를 통해서 잘 나타나 있다.

하나님이 천지를 육 일간 창조하는데 하루가 지날 때마다 "저녁이 되며 아침이 되니"라고 이야기한다. 하루가 저녁으로 시작해서 아침으로 끝나는 것이다. 실제로 필자가 유대인 회당에 예배에 참여해 보니 금요일 저녁에 예배를 드리고 다음날 아침에 또 예배를 드리는 것을 보았다. 그들에게 안식일은 금요일 저녁에 시작해서 토요일 낮으로 끝나는 것이었다.

그래서 그들에게 명절은 우리가 보기에는 저녁부터 다음날 아침까지 이틀에 걸쳐서 행사를 하는 것이었다. 이것은 철학적으로 인생이 '어둠에서 시작해서 밝음으로 끝남'을 암시해주고 있다. 또한 우리에게 일 년은 1월에 시작해서 12월로 끝나는데 반해 유대력은 '티슈리' 유대 음력 7월(양력 9-10월)로 시작해서 '엘룰(양력 8-9월)'로 한해가 마무리 된다.

이는 계절로는 가을에 시작해서 여름으로 한해가 끝나게 된다. 그래서 예수님이 여름이 가까이 오면 마지막이 가까 온 줄을 알라고 한 것이다. 따라서 1년도 추위로 시작해서 따뜻함으로 끝난다.

성경의 가치관과 가르침은 어둠에서 시작해서 밝음으로 끝나고 추위로 시작해서 따뜻함으로 끝난다. 성경의 가르침은 소망을 말하고 지금 캄캄하고 인생의 겨울을 맞이하여도 광명과 따뜻함을 소망하라고 가르친다. 그래서 참된 크리스천은 꼭 불신자들보다 더 부유하고 더 건강하고 더 형통하지 못 하더라도 더 행복한 것만큼은 분명하다.

최근 '미국의 종교성과 행복'에 관한 갤럽의 조사에 의하면 종교성이 강한 사람들이 행복지수가 월등하게 높게 나왔는데 이는 일면 타당한 조사라 할 수 있을 것이다. 세계적인 사회학자 막스 베버(Maximilian Carl Emil Weber, 1864년 4월 21일 ~ 1920년 6월 14일)가 기독교가 들어가는 곳마다 경제적으로 풍요로워졌다는 논문을 발표한 것처럼 우리의 가치관과 사상이 우리의 삶에 커다란 영향을 미치는 것을 생각할 때 종교를 가졌다는 것이 얼마나 감사한지 모른다.

"이스라엘이여 너는 행복한 사람이로다 여호와의 구원을 너 같이 얻은 백성이 누구냐 그는 너를 돕는 방패시요 네 영광의 칼이시로다"(신 33:29)

039

큰일을 생각하자

"우리가 작은 일을 하는 동안 큰일을 생각할 때 자질구레한 모든 일들이 올바른 방향으로 나아가게 된다." 앨빈 토플러(Alvin Toffler, 1928년 10월 3일 - 2016년 6월 27일)의 말이다.

주변에 정말 작은 일을 가지고 다투고 작은 일에 허물을 꼭 지적하고 넘어가고 조그마한 상처도 용납하지 못하면서 남에게는 쉽게 상처를 주는 자들이 공동체 안에 있는 것을 가끔 본다. 이는 우리가 큰일을 생각한다면 사실 아무것도 아닌 것으로 쉽게 치부 할 수 있는 것들을 큰일을 생각하지 못하고 일상생활 속에서 특별한 일을 찾지 못하는 무료함이거나 현실에 대한 불만족에 대한 바람직하지 못한 반응이라고 볼 수 있겠다.

전체를 바라보지 못하고 비 본질에 빠져 정말 중요한 본질을 간과하는 것이다. 필자가 초등학생이랑 싸우지 않는 것은 싸움의 대상이 되지 않기 때문이요 초등학생이 생각하지 못하는 미래의 청사진을 준비하기에도 바쁘기에 거기에 시간을 소비할 필요를 느끼지 못하기 때문이다. 싸움을 하거나 상처를 받는 것은 그가 나와 비슷한 상태에서 가능한 것이다.

그러나 성경은 우리들의 싸울 것이 혈과 육에 대한 것이 아니라고 말해 줌으로 우리의 싸움의 대상을 정확히 지목해 주었다. 그럼에도 교회의 분쟁의 많은 경우가 혈과 육에 대한 싸움인 경우가 많고 가정과 직장에서 그리고 인간관계에서 이뤄지는 모든 다툼과 불편함은 대부분 혈과 육에 대한 것이다.

그러나 좀 더 큰 그림을 그리며 앞으로 가는 자들에게는 그냥 무시하고 지나갈 사소한 것 일뿐이다. 그렇게 사소한 것을 '그냥 내 생각에서 보내 버리는 것(letting go)'이 영적으로는 물론이거니와 심리학적으로도 자신을 위한 길이다.

다툼은 다툼을 낳고 걱정은 걱정을 낳기 때문이다. 큰일에 마음을 품으면 작은 문제는 문제가 되지 않는다. 성경에서 예수는 달란트 비유를 통해 '네가 적은 일에 충성하였으니 내가 큰일을 네게 맡기리라' 라는 말씀을 하신다. 이는 큰일을 생각할 때 우리가 적은 일에도 충성할 수 있는 것이며 큰일을 생각할 때 작은 것에 흥분하거나 다툼으로 우리에게 주어진 귀한 시간을 소비하지 않게 됨을 말하는 것으로 필자는 이해한다. 하나님이 준 짧은 시간을 좀 더 유익하게 생산적으로 사용하면 좋겠다.

"나는 너를 애굽 땅에서 인도하여 낸 여호와 네 하나님이니 네 입을 크게 열라 내가 채우리라 하였으나"(시 81:10)

040

프레임의 법칙

'습관(Habit)'이라는 단어가 본래 의복과 옷감을 의미했다. 아직도 여자 승마복(riding habit)과 의복(habiliment)에 습관(habit)이라는 숨겨진 뜻이 남아 있다. 습관은 나의 인격이 입고 있는 옷이다.

사람이 사물을 바라보는 습관에는 두 가지 습관이 있다. 이것에 따라 그 사람의 옷이 결정되고 그 옷이 그 사람의 운명을 결정하게 된다. 코넬 대학 심리학과에서 1992년 바르셀로나 올림픽에서 금, 은, 동 수상자의 표정을 연구했더니 기쁜 표정의 순서가 금, 동, 은이었다고 한다. 이 이유를 '프레임의 법칙'으로 해석한다.

은메달을 획득한 선수가 가장 만족도가 낮은 것은 조금만 더 노력했으면 금메달을 딸 수 있었을 것이라는 생각에 만족감이 결여된 것이고 동메달을 딴 선수는 메달을 따지 못한 선수들과 비교하여 만족함을 얻는다는 것이다. 그래서 동메달을 딴 선수가 은메달을 딴 선수보다 얼굴들이 밝다는 것이다. 결국 어떤 방향에서 어떤 관점으로 접근하느냐에 따라 같은 상황과 객관적인 상황이 입장에 따라 전혀 다르게 받아들여지는 것을 의미한다.

우리가 쉽게 이야기하는 말로 컵에 있는 반 잔의 물을 보고 '물이 반이나 남았네'라는 긍정적인 프레임으로 보는 자가 있는가 하면 '물이 반밖에 없네'라는 부정적인 프레임으로 보는 자들도 있다. 이렇게 부정적인 프레임으로 보는 자들은 나의 인생을 풍성히 할 수 있음에도 나의 마음의 프레임이 인생을 마이너스로 만드는 것이다.

성경에는 "썩어져 가는 구습을 좇는 옛 사람을 벗어 버리고… 새 사람을 입으라"(에베소서 4:22~24) 라고 명한다. 옛날의 습관을 벗어 버리라고 이야기하고 있다. 부정적인 프레임의 습관을 벗어 버리는 것이 축복의 시작이 된다. 출애굽기에 보면 가나안땅에 들어가기 위해 모세가 12명의 정탐꾼을 보냈더니 10명은 우리는 그곳에 들어갈 수 없다는 부정적인 의견을 보고하고 여호수아와 갈렙만이 우리가 그곳에 들어갈 수 있다고 보고한다.

똑같은 환경을 바라보아도 내가 살 수 있는 땅으로 보는 자들이 있고 도저히 들어갈 수 없는 곳으로 보는 자들이 있다. 그 땅에 들어갈 수 있다고 보고한 여호수아와 갈렙만이 그곳에 들어간 것을 보면 나의 프레임이 내 미래를 결정하는데 얼마나 중요한 것인지 다시 한번 생각해 보게 된다.

성경에서
심리학을
읽다

성경 속에 숨어있는 심리학을 통해 하나님을 바라보는 시간

PART 5.

Psychology in the Bible

041

준비된 자를 사용하신다

자기의 꿈을 공개적으로 언급할 때 그에 맞는 행동을 해야 한다는 심리가 작용하는 것을 '공적 약속(public commitment)'라고 한다. 따라서 아무에게도 알리지 않고 혼자 조용히 노력하는 것보다 여러 사람에게 알리고 그 일을 할 때 돕는 손길도 생기고 공개된 말에 의해 그것을 성취해 나가기 위해서 더 노력하게 된다. 이것은 자신이 그 목적을 향해 도망치지 못하는 상황을 만드는 일련의 보완장치라 할 수 있겠다.

'미래는 준비하는 자의 것'이라는 말이 있다. 미래의 꿈을 공개적으로 선포하고 준비를 해야 그 꿈을 성취할 수 있는 것이다. 예수님도 그의 등장까지 그의 길을 준비한 세례 요한이 있었고 예수님도 우리의 처소를 준비하러 하늘에 올라가신다고 하셨다.

예수님이 이 땅에 등장한 것도 준비된 것이었고 예수님 본인 자신도 우리의 미래를 준비하신다고 하셨으며 우리에게도 미래를 준비하라고 하신다. 슬기로운 다섯 처녀가 기름을 준비하여야 신랑을 맞을 수 있다고 하였고 예수님이 다시 오실 것을 우리에게 준비하라고 하였다.

인생은 준비하는 자의 것이고 그 준비를 입으로 말할 때 그 준비가 열매를 맺게 되는 것이다. 필자는 많은 사람을 만나며 임상목회를 하는 가운데 준비되지 못한 많은 분들의 삶 속에서 어느 순간 당황하는 것을 목격하곤 한다.

자식에게만 목숨 걸고 살던 주부가 자식이 장가가고 시집가고 부모를 떠날 때 자식의 출가를 준비하지 못한 심리적 공허함이나 평생 직장밖에 몰랐던 남자가 직장에서 은퇴하게 될 때 당황하게 되는 그 모습은 미래를 준비하지 못한 대표적인 사례들이다.

아브라함은 그의 무덤까지도 준비하였다고 하는데 우리도 미래를 미리 준비해야 하며 준비되지 못한 미래는 공허함과 허무함, 우울증을 가져오게 된다. 기독교인은 미래를 준비하며 살아야 한다. 하나님은 모세를 이스라엘을 출애굽 시킬 지도자로 광야에서 준비시킨다. 또 가나안땅에 들어갈 이스라엘 백성에게는 가나안 땅에서 지켜야할 계명을 미리 주시고 준비시킨다. 그리고 오늘 우리에게도 우리의 미래를 준비하라 이야기하신다. 하나님은 준비된 자를 사용하신다. 이제 나의 미래와 준비를 입으로 선포하자. 그 선포가 나를 준비시키고 그 준비가 때가 되면 열매를 맺게 될 것이다.

"너를 위하여 밭에서 준비하고 그 후에 네 집을 세울지니라"(잠 24:27)

042

상처 받으시는 하나님

예전에 나는 한 성도로부터 '나의 모든 고통이 하나님께로부터 온다'는 사실을 알게 된 이후로 하나님을 원망하게 되었다는 이야기를 듣고 큰 충격을 받은 적이 있다.

이는 욥의 부인이 그의 고난을 보고 "네 하나님을 저주하고 죽으라"라고 말했던 것처럼 우리의 상처와 아픔의 원인을 하나님으로부터 찾는데 기인한다고 하겠다. 필자는 우리와 함께 고난을 받으시는 하나님을 소개하고자 한다. 하나님은 고통 받을 수 있는가. 하나님은 상처를 받으실 수 있는가?

이 부분에서 하나님의 수난, 아픔, 한을 이야기하고자 한다. 나와 함께 아파하시는 하나님 이는 루터가 말한 십자가 신학에서도 분명하게 나타난다. 또 일본 신학자 가조 기타모리가 언급한 예레미야 31장 20절에 '내 마음이 측은하여'라는 이 본문 말씀은 '몹시 괴로워하고 슬퍼하고 신음하는' 뜻을 가진 히브리어 '하마'라는 동사로서 그분은 우리와 같이 아파하시고 슬퍼하신다는 것이다. 그래서 하나님은 독생자를 내어 주셨다는 것이다.

십자가 신학의 근간은 하나님의 슬퍼하심 괴로워하심이며 이는 하나님의 '한(恨)'에서 시작된다고도 볼 수 있다. 작가 박완서씨가 아들이 교통사고를 당해 세상을 떠났을 때 벽에 걸려 있는 십자가를 집어 던졌다. 그리고 내 아이도 지켜주지 못하는 당신 필요 없다고 하였다. 그러나 시간이 지난 후 다시 그 십자가를 벽에 걸고 박완서씨는 이렇게 기도했다고 한다. '하나님 그때 당신마저 없었다면 저는 미치고 말았을 것입니다. 저는 아마 죽었을지도 모릅니다.'

나에게 고통을 주신 하나님이라고 이해할 때 그 하나님은 원망의 대상이 되지만 그 하나님이 나와 함께 아파하시고 고통당하셨다고 인지하는 순간 그 하나님은 나에게 힘을 주시는 하나님이 되는 것이다. 예전에 언급한 '밀양'이라는 영화에서 주인공 '신애'는 하나님이 나에게 고통을 주신다고 이해하였다. 또 나에게 고통 준 자를 나와 상관없이 용서 하신다고 생각하였다. 그런 하나님에 대한 이해가 하나님께 반항하고 세상을 원망하고 자신을 학대하는 처절한 분노의 몸부림으로 표출되었다.

그러나 하나님은 지금 이 순간 나의 아픔을 함께 아파하시고 나를 위해 십자가에서 고통당하셨다. 예수님이 이 땅에 오신 것은 우리의 고난을 대신지고 그가 고난을 받으시기 위함이었다. 그 이해가 오늘 나의 이 고통을 이겨내게 하는 원동력이 되는 것이다.

"그가 찔림은 우리의 허물 때문이요 그가 상함은 우리의 죄악 때문이라 그가 징계를 받으므로 우리는 평화를 누리고 그가 채찍에 맞으므로 우리는 나음을 받았도다"(사 53:5)

043

사람을 바꾸는 세 가지

세계적인 경영학자 오마에 겐이치가 사람을 바꿀 수 있는 방법에 세 가지가 있다고 하였다. 첫 번째는 시간, 둘째는 사람, 세 번째는 공간을 바꾸라는 것이다.

첫 번째 시간은 말콤 그래드웰(Malcolm Gladwell)이 '1만 시간 법칙'을 말한 것처럼 누구나 1만 시간을 한 가지에 집중하면 성공한다는 법칙이다. 성공하기 위해 필요한 일의 시간을 늘리고 쓸데없이 낭비하는 시간을 정리하라는 것이다. 많은 사람들이 여전히 걱정 근심 또는 전혀 생산성 없는 이야기나 일들로 낭비하는 그 시간을 좀 더 효율적인 일에 투자하라는 것이다. 성경에서도 에베소서 5장 16절에 "세월을 아끼라"라고 말씀하신다. 오늘 내가 사용하는 시간을 한번 생각해 보고 다시 시간 배분을 하는 것이 나를 바꾸는 첫걸음이 되는 것이다.

둘째 만나는 사람을 바꾸라는 것이다. '맹모삼천지교'라는 말처럼 시장 사람을 만나면 상인되고 학자를 만나면 학자가 된다 하여 학교를 따라 세 번 이사를 한 맹자의 어머니처럼 내가 지금 누구를 만나는 것인가가 곧 나의 미래를 말해 주는 것이다.

성경 빌레몬서에서는 '오네시모'라는 한 하인출신의 남자가 사도 바울을 감옥에서 만난 후 그의 인생이 복음을 전하는 자로 바뀌게 된다. 성경에서 수많은 사람이 운명적인 만남을 통해서 그들의 인생이 바뀌게 된다. 예수를 만난 12명의 제자들 엘리야를 만난 엘리사를 비롯하여 세상 적으로는 우리가 잘 아는 헨렌 켈러가 만난 가정교사 설리번이 있었다. 나는 오늘 누구를 만나고 있는가. 또 어떻게 새로운 만남을 이루어 나갈 수 있을까. 그 만남이 나를 변화시켜 나가는 것이다.

셋째 공간의 변화이다. 내가 군대에 있을 때 나의 선임병은 구타사건으로 영창을 가고 그곳에서 1주일 간 성경책을 통독하고 나와서 전혀 다른 삶을 사는 것을 보았다.

오늘 내가 있는 곳을 떠나 새로운 곳에서 새로운 마음으로 새롭게 시작해 보는 것이다. 모세가 시내산에 올라가 하나님을 만나고 예수님이 광야에 나가 하나님을 만난 것처럼 오늘 내가 있는 장소의 분위기를 바꾸어보고 새로운 장소를 개척하고 새로운 분위기를 만드는 것이 새로운 나를 만들어 가는 것이다. 살아 있다는 것은 변화가 있다는 것이고 작은 변화들 생각, 언어, 행동, 장소, 시간의 변화들이 나로 하여금 살아 있음을 인지하게 하고 그 변화가 좀 더 나은 미래를 개척하게 하는 것이다.

"믿음으로 아브라함은 부르심을 받았을 때에 순종하여 장래의 유업으로 받을 땅에 나아갈새 갈 바를 알지 못하고 나아갔으며"(히 11:8)

044

하그레이브 (James Hargrave)의 용서

가정의 달을 맞이하면서 가족 간의 관계 속에 말 못하는 담을 가지고 있는 이들이 있다. 가족치료에서 용서문제를 가장 종합적으로 심도 있게 다룬 하그레이브의 이론으로 가족 사이의 문제를 접근해 보고자한다. 그는 가족 사이에는 받을 권리와 줄 의무가 존재한다고 하였다. 부모가 자녀에게 줄 의무가 있고 반면 자녀에게 충실성을 받을 권리가 있다는 것이다. 이 관계에 불균형이 생기면 한쪽은 분노가 다른 쪽은 죄책감이 생긴다는 것이다. 이것을 해소하기 위해 다음의 단계를 제시하였다.

첫째, 내가 무엇으로 상처를 받았는가. 둘째, 왜 나를 학대 했는가. 셋째, 피해에 대한 보상의 내용을 정하는 것이다. 넷째, 가해자의 인정과 사과 그리고 약속이다. 가족 간의 상처의 회복은 쉽지만은 않다. 왜냐하면 가족으로부터 받은 상처는 신뢰를 기반하기에 그 어느 상처보다 고통스럽기 때문이다.

성경에서도 가족 간의 상처를 입은 자들이 여럿이 나온다. 처가살이를 했던 모세와 야곱 두 사람 모두 새로운 땅에서 처가댁에 신세를 지게 됨으로 주고받는 관계가 불균형을 이루게 된다. 모세와 야곱은 일방적으로 받는 경우가 된다. 따라서 처가댁은 그동안 그들이 쌓았던 기반을 대가 없이 준다고 생각하게 되고 받는 자는 새로운 환경과 문화에서 무시와 부당한 대우를 받는다고 생각하기가 쉽다. 모세는 큰 무리를 이루고 결국 장인과 헤어지게 되고 야곱 역시 장인과의 관계에서 부당한 대우를 받는다고 생각하고 결국 파경으로 종말을 맞게 된다.

특히 이민 사회에서는 형제지간에 도움을 받고 이민을 오는 경우가 많이 있다. 따라서 먼저 온 자는 새로 온 형제에게 무언가 제공한다는 생각을 하고 미국에 막 이민 온 자는 본인이 부당한 대우를 받고 남보다도 못한 대가를 받는다는 생각에 결국 파경에 이르는 경우도 있다. 그렇기 때문에 이것을 회복하기 위해서는 서로간의 이해와 피해본 부분에 대한 정신적 물질적 보상에 대한 노력이 서로간의 관계를 회복시키는 첫걸음이 되는 것이다.

성경에서 에서와 야곱도 형제지간에 서로의 것을 손해 보았다는 생각으로 관계가 망가졌지만 다시 서로의 것을 회복하려는 그들의 행동에 그 관계가 회복되는 것을 볼 수가 있다. 가족이기에 상처가 더 클 수 있지만 반면 가족은 상처를 치료하고 관계를 회복시킬 수 있는 자원들도 가지고 있기 때문에 의지가 있다면 가족만큼 돈독한 회복도 없을 것이다.

"너희가 사람의 잘못을 용서하면 너희 하늘 아버지께서도 너희 잘못을 용서하시려니와"(마 6:14)

045

절망은 죽음에 이르는 병

예전에 다큐멘터리에서 한 의과대학 교수가 절망은 죽음에 이르는 병이라는 말이 기억에 남는다. 존 홉킨스 대학에서 쥐를 가지고 실험을 했는데 따뜻한 물속에 쥐가 얼마나 오랜 시간 생존하는지 보았더니 60시간을 버텼다고 한다.

그런데 다음 쥐는 손으로 붙잡고 체념할 때까지 기다린 후 물에 넣었더니 바로 물에 빠져 죽었다고 한다. 수십 시간 더 버틸 수 있는 힘이 남았음에도 절망이 이르는 순간 무기력해지고 죽음에 이른 것이다. 그래서 병은 상처로만 설명되는 게 아니라 반드시 심리적 작용이 있다고 말한다.

암 선고를 받은 사람들이 암보다도 암에 대한 정신적 충격으로 죽는다는 말이 있다. 그래서 절망을 소망으로 바꿔야 하고 그러려면 비관적인 생각을 소망으로 바꿔야 하는 것이다. 1800년대 후반 시카고에 '무디' 목사가 시무하는 교회에 큰 화재가 났다.

한 기자가 "하나님이 살아 계시는데 왜 교회를 지켜주지 않으시고 교회가 불탔습니까?"라고 묻자 무디 목사는 "어차피 교회를 다시 지어야 하는데 우리 수고를 덜어 주었습니다"라고 긍정적으로 대답했다고 한다. 동일한 사건을 어떤 이는 불행으로 어떤 이는 축복의 시작으로 보는 것이다. 인생은 결국 특정한 사건에 대한 해석으로 자신의 삶을 사는 것이다.

내가 맞이한 어려운 시간을 절망으로 보지 않고 새로운 시작으로 보는 힘을 기르는 것이 중요하다. 유대인들의 자녀 교육 중 13세 이전에 실패를 경험케 하는 교육이 있다고 한다. 실패를 경험하고 좌절하거나 절망하지 않고 거기서 다시 시작하게 하는 교육을 하는 것이다.

세계적인 지휘자 토스카니는 본래 바이올리니스트였다. 그런데 그가 고도근시라는 신체의 핸디캡을 가지고 있어 악보를 잘 볼 수가 없었다. 이 장애를 극복하고자 악보를 다 외워서 연주를 했다고 한다.

그런데 어느 날 지휘자가 연주회에 불참하게 되어 악보를 다 외우고 있던 토스카니가 연주를 하게 된 것이다. 그리고 그날 연주자로서 최고의 홈런을 치게 되어 그가 세계적인 지휘자가 되는 시발점이 되었다.

"절망은 죽음에 이르는 병이다"(키에르케고르)

046

천복(天福)

세계적인 신화학자 조셉 캠벨(Joseph Campbell)이 사람이 자기가 하고 싶은 일을 하는 것이 '천복'이라고 하였다. 교회에서는 이를 '소명(calling)' 또는 천직이라고 한다. 하나님이 내려주신 직업이라는 것이다. 얼마 전에 '나의 선택'이라는 영화를 제작한 김상철 감독을 만났다. 이 영화를 제작하는데 전세자금을 빼어서 만들었다고 한다. 원금 회수가 되지 않았지만 또 다음 영화를 만들고 있었다. 이 영화를 통해서 사람들이 눈물을 흘리고 삶의 의미를 찾게 되는 것에 의미를 가지고 살아가는 것이다.

최근에 조사한 행복한 직업 1위에 '예술인'이 뽑혔다고 한다. 그리고 그 이유가 자기가 좋아하는 일을 하기 때문이라는 것이다. 우리에게 주어진 삶의 길이가 안개와 같고 흐르는 유수와 같고 너무 빠른 인생이라고 하는데 그 짧은 시간 동안 내가 하고 싶은 일을 하는 게 아니라 억지로 산다면 얼마나 불행할까 라는 생각을 해본다. 그래서 조셉 캠벨은 내가 좋아하는 일을 하라고 하고 청교도 신앙(puritanism)에서는 내가 좋아하는 일을 할 수 없다면 지금 내가 하고 있는 일을 좋아하라고 가르친다.

오늘 내가 하고 있는 이 일은 하나님이 나에게 주신 천직이라는 것이다. 하나님이 나를 오늘 이 자리에 부르셨다는 것이다. 이 소명의식이 오늘 내가 하는 일을 의미 있게 하고 이것에 내가 가치를 부여하고 그 의미가 오늘 하루를 의미 있고 소중하게 하는 것이다. 이 사상이 근면 자조 성실의 삶을 견인했고 결국 청교도가 들어가는 곳에 경제적 부흥도 함께 왔다. 그렇기 때문에 성실하면서도 검소했고 내가 하는 일을 소중히 생각했다.

교인 중 한 분이 목사님의 양복을 보니 세탁의 의미를 새롭게 한다고 이야기 해주셔서 마음으로 감사했던 적이 있다. 또 필자가 한국에 있을 때 한 분은 청소부였는데 늘 웃으면서 하나님이 지으신 세계의 한 부분을 청소하니 감사하다고 고백하는 것을 보고 일상생활에 감사하지 못한 것을 회개했던 적이 있다. 그분은 나중에 국회의원 선거에까지 나가서 “지역을 청소하듯이 우리의 사회도 청소하겠습니다”라고 당당히 외치던 것이 생각난다.

물론 고배를 마시긴 했지만 다시 일상생활 속에서 감사하며 지역의 한 부분을 청소하며 너무 기쁘게 사셔서 지역 언론에서 나중에는 중앙 언론에서까지 인터뷰를 했던 것이 기억난다. 내가 좋아하는 일을 하든지 내가 하고 있는 일을 좋아하든지 그것이 바로 천복이다.

“각 사람은 부르심을 받은 그 부르심 그대로 지내라”(고전 7:20)

047

탄환이론과 공공재

내가 기독교 TV에 나오고 신문에 칼럼을 쓰면서 가끔 알아보는 분들이 있다. 미디어가 얼마나 파워가 있는지 미국 동부에서 중부에서도 전화가 오고 이메일이 온다. 이제는 한국 식당에서도 서점에서도 인사해 주시는 분들도 있다. 이런 미디어의 강력한 효과를 탄환 효과라고 하는데 조금이나마 피부로 느끼고 있다. 나와 잘 아는 한국의 교육 사업의 선두를 달리고 있는 기업가가 방송에서 신문에서 자주 드러나니 직원 가운데 직장일 보다 미디어에 너무 많이 나온다고 불평하는 분이 있다고 한다. 그러나 그 기업은 실제로 타 경쟁 업체에 비해 더 많은 투자를 받게 되고 더 많은 가맹업체가 늘었다고 한다.

CEO가 미디어에 자주 노출이 되면 될수록 소비자들은 제품에 신뢰를 가지게 되고 이미지 선호도에 좋은 효과를 갖게 되고 더 많은 투자를 받게 된다. 예전 칼럼에서 투자자의 77%가 기업이 아니라 CEO의 이름을 보고 투자한다는 언급했던 것처럼 CEO는 거래 가능한 자산이 되었다. 펜실베이니아 경영대학원 데이비드 라커(David Larcker) 교수는 'CEO의 평판이 10% 호전되면 해당 기업의 주식 평가액이 24% 증가 한다'고 보고하였다.

미국 애널리스트들은 약 95%가 주식 매도 매수에 CEO 명성을 중시한다고 하였다. 결국 마샬 맥루한(Herbert Marshall McLuhan)이 미디어는 인간의 확장이라고 한 것처럼 미디어를 통해 수많은 인력을 대신하여 자신들의 공동체 대표를 전하는 것이다. 반면 그러하기에 지도자는 더욱더 높은 도덕성과 더 투명성을 요구하게 되었다. 표절로 국가 원수직에 물러나게 되고 언론에 노출된 발언 하나로 큰 명성을 얻기도 하지만 그것이 빌미가 되어 불명예 퇴진을 하기도 한다. 그래서 소셜 미디어를 언론을 인터넷을 기피하는 자도 있지만 세계가 변화되고 있다.

미국 대학 신입생들의 90% 이상이 이메일을 사용하지 않고 대신에 소셜 미디어를 사용한다고 한다. 결국 앞으로는 소셜 미디어를 선점하는 자가 주체가 되는 것이다. 예수의 사역이 궁극적으로 알리는 것이었다. 땅 끝까지 내 증인이 되라고 한 것처럼 사도바울이 당시에 복음을 전한 방법이 당시의 최고의 커뮤니케이션 도구였던 '편지'를 사용했던 것처럼 말이다. 이제 그 편지를 소리로 영상으로 문자로 실시간으로 동원할 수 있으니 이것을 선점하는 자가 자신의 상품을 더 잘 전달하는 것은 당연한 것이고 선점 주체는 공공재로서 신뢰를 얻게 되는 것이다.

"아름다운 소식을 시온에 전하는 자여 너는 높은 산에 오르라 아름다운 소식을 예루살렘에 전하는 자여 너는 힘써 소리를 높이라 두려워하지 말고 소리를 높여 유다의 성읍들에게 이르기를 너희의 하나님을 보라 하라"(사 40:9)

048

웃음

노만 커즌스(Norman Cousins, 1915년 - 1990년)가 강직성 척수염으로 죽어가서 UCLA 병원에 입원했다가 의사가 포기하고 도저히 가망이 없으니 집에 가서 죽을 준비를 하라고 했다. 그러나 그는 집으로 가지 않고 코믹 비디오테이프를 한 보따리 빌려서 호텔로 갔다.

어차피 죽을 것 밤새도록 웃다가 죽어야겠다고 생각한 것이다. 그런데 밤새 한 없이 웃다가 이상한 일이 생겼다. 너무 심한 고통으로 진통제를 몇 분마다 맞아야 했는데 실컷 웃으면서 진통제 없이 한 두 시간을 이기게 되었던 것이다. 그러더니 점점 진통제 없이 견딜 수 있는 시간이 길어졌고 결국에는 죽을병에서 다 낫게 된 것이다. 이 사람이 너무 기뻐서 UCLA에 자청해서 본인의 임상 결과를 가지고 강의를 할 수 있게 해달라고 요청하고 의과대학에서 강의를 하게 되었다.

나중에 이 사람이 너무 유명해져서 미국 전역에 웃음 치료를 강의하러 다니기 시작했다. 한번은 샌디에이고에서 유방암 걸린 사람이 찾아와서 그 환자에게 손에 온도계를 쥐게 하고 집중을 통해 온도가 올라가고 온도가 내려가는 것을 경험케 하고 사람이 사람의 몸을 조절 할 수 있음을 상기 시킨 후 그 사람 역시 웃음으로 암을 치료시켜 준다. 노만 커즌스가 수많은 책을 내었는데 웃을 때 혈압이 조절 되고 스트레스가 사라지고 웃을 때 머리에 산소를 받아 들여 웃으면서 공부한 것은 잘 기억된다는 것이다.

웃음은 엔돌핀을 나오게 하는데 이것은 마취제 역할을 한다고 한다. 웃는 동안 600개의 근육들이 운동이 되고 배에서 부터 웃으면 우리 몸속의 근육들이 운동을 해서 500 칼로리가 사라진다고 한다. 로마린다 의과대학의 리 버크 박사(Dr. Lee Berk)는 사람이 웃으면 T cell(Happy Cell 이라고도 함)이 나와서 감염을 막아준다고 한다. 사람이 웃으면 여유로워지고 또 자비로워진다고 한다.

그래서 슬픈 영화를 많이 보는 사람은 면역이 떨어지고 웃는 영화를 많이 보면 면역이 올라간다. 잠자기 전 무섭고 슬픈 영화를 피해야 하는데 우리가 공포영화를 보다가 발짝 증세를 보이며 깨는 것은 밤새도록 아드레날린이 나와서 사람을 깨우는 것이라고 한다. 그러나 웃으면 사람의 몸에 엔돌핀이 27% 정도 나오면서 호르몬 레벨은 87%까지 나온다고 한다.

"마음의 즐거움은 양약이라도 심령의 근심은 뼈를 마르게 하느니라"(잠언 17:22)

049

집중과 아웃소싱

경영학자 피터 드러커(Peter Ferdinand Drucker) 교수가 "당신의 뒤뜰이 누구의 앞뜰이 되게 하라"고 하였다. 즉 모든 것을 내가 하려고 하지 말고 나보다 더 잘할 수 있는 곳에 아웃소싱을 주라는 것이다. 이것을 '위임'이라고도 할 수 있겠다. 교회에서도 모든 알려진 좋은 프로그램을 직접 자체적으로 다 소화해 내려고 하는 경우가 많은데 요즘은 한국의 대형 교회들도 전문가들에게 위탁해서 프로그램들을 진행한다. 세계적인 대 기업들도 마찬가지다.

나이키는 본사에서 디자인 유통을 관리하고 제조-생산은 전문 업체에 아웃소싱을 준다. 락액락 그룻 생산업체도 이전 실패를 반면교사 삼아 제조 생산을 외주로 돌리며 성공한 대표적인 회사가 되었다.

경영학에서는 기업경영 성공의 네 가지 원리를 말한다. 집중 접촉 반복 본질 의 원리를 말하는데 이중 제일 먼저 언급 되는 것이 집중이다. 집중이란 내가 잘하는 분야에 모든 에너지를 쏟으라는 것이다. 즉 나머지는 버리라는 것이다. GE를 세계적인 기업으로 올려놓은 잭 웰치는 CEO에 오르자 150개의 사업 분야를 12개 사업 군으로 재편성했다. 경쟁력 12 위인 사업만 남겨놓고 모두 처분 또는 정리한 것이다.

교회도 각기 그 교회의 장점과 특징이 있기 때문에 그것을 살리고 나머지는 전문적인 사람이나 기관에게 위탁함으로서 그 교회의 장점을 더욱더 효율적으로 운영 할 수 있는 것이다. 그래서 버린 부분은 사실상 버린 것이 아니라 더 잘하기 위해 덜 전문적인 부분을 다른 기관에 아웃소싱 함으로 내 뒤뜰이 위탁한 곳의 앞뜰이 되게 하는 것이다.

점점 더 많은 지식과 정보의 홍수 속에 살아가고 있고 또 각 개체는 더욱더 전문화되어가고 있다. 그래서 대기업들도 주로 디자인과 상표 유통 외에는 아웃소싱을 주고 방송국에서도 요즘은 더욱더 많은 프로그램을 외주 업체에 의탁하고 있다. 앞으로 이런 일들은 더욱 심화될 것이다.

소비자들이 상품을 구입하거나 음식을 사먹을 때에도 점점 더 전문적인 곳을 찾기 시작한지가 이미 오래전이다. 성경에도 각 사람에게 주어진 은사가 다르다고 기록하고 있다. 독수리가 날기도 하고 달리기도 잘하면 좋겠지만 독수리는 잘 날 수 있게 창조 되었듯이 각기 자기의 분야에서 자기의 독특성을 개발 하며 사는 것이 현대 사회의 요구요 창조의 원리라고 할 수 있겠다.

"몇 가지만 하든지 혹 한 가지만이라도 족하니라"(눅 10:42)

050

찬양의 능력

프랭크 포글리오(Frank Foglio)의 'Hey God'에서 저자의 딸이 교통사고를 당해 머리를 심하게 다친다. 교회에서는 그의 딸을 위해서 기도하지만 그의 딸은 회복되지 않고 오히려 더 악화만 되어간다. 그리고 그녀는 뇌 병동에서 7년간 입원하게 된다. 저자는 하나님을 저주하고 원망을 한다. 전지전능한 하나님이 어떻게 내 딸을 이렇게 만들 수가 있는가. 왜 치료해 주지 않는가. 그런 그에게 하나님을 찬양하라는 작은 소리가 들린다. 그는 절대 찬양할 수 없다며 침을 뱉는다. 그러다가 그는 시간이 지난 후 "당신이 도와주시면 내가 당신을 찬양할 수 있습니다"라고 고백한다.

그는 7년 만에 처음으로 하나님께 감사 기도를 드리고 내 딸이 어떠한 상황에 처하든지 내가 당신께 감사하며 나보다 당신이 내 딸을 더 사랑하는 것을 안다고 고백한다. 그리고 그가 그의 딸을 만나러 병실에 갔는데 그의 딸이 처음으로 그를 알아보기 시작한다. 그리고 회복되어져 가는 것을 기록하고 있다. 이 책의 요지는 하나님이 나에게 나쁜 것을 주지 아니하고 나와 같이 아파하신다는 것이다. 그리고 나의 열악한 환경 속에서 찬양할 수 없는 가운데 찬양을 드릴 때 바로 거기가 하나님이 움직일 수 있는 공간이 된다는 것이다.

성경에서는 바울과 실라 두 사람이 감옥에서 찬양할 때 감옥의 문이 열리고 쇠사슬이 풀렸다고 기록하고 있다. 찬양할 수 없는 가운데 찬양하면 감당하기 어려운 환경을 극복하게 되고 기대하지 못했던 일들이 일어나기도 한다. 개스턴(Gaston)이라는 학자는 음악 치료의 효과 세 가지를 이야기했다. 첫째, 사회적으로는 언어로서 표현할 수 없는 것을 표현할 수 있게 하는 교류 수단이 된다. 둘째, 심리적 측면은 다른 사람과 경쟁하지 않고 자기만족을 가져다준다. 셋째, 생리적 측면은 음악에 사용되는 리듬이 에너지와 질서의 원동력이 된다. 또 다른 학자 시어스(Sears)는 음악 치료에 대해서 첫째 사회적으로는 다른 사람과 관계를 맺을 수 있고 둘째 심리적으로 감정표현을 도와주고 셋째 생리적으로 바람직한 행동을 도와준다고 하였다.

다윗이 찬양할 때 사울의 악한 영이 떠나간 것처럼 좋은 음악과 찬양은 나의 심령을 강건케 하고 낙심할 수밖에 없는 나의 상황에 새 힘을 주며 상황의 변화를 가져온다. 찬양할 수 없는 가운데서 찬양함은 보이지 않는 힘의 능력을 경험하게 되는 단초가 될 것이다.

"하나님께서 부리시는 악령이 사울에게 이를 때에 다윗이 수금을 들고 와서 손으로 탄즉 사울이 상쾌하여 낫고 악령이 그에게서 떠나더라"(삼상 16:23)

성경에서
심리학을
읽다

성경 속에 숨어있는 심리학을 통해 하나님을 바라보는 시간

PART 6.

Psychology in the Bible

051

한(恨)과 화(和)

‘한’이라는 단어를 미국 학계에 전하는 한국계 미국인 학자 앤드류 박(Andrew Park) 박사가 그의 여러 저서를 통해 ‘한’을 소개하고 그동안 적절히 설명되지 못했던 흑인들의 상처 여성들의 상처를 ‘한’이라는 단어를 통해 소개하고 있다. ‘한’은 중국어로 ‘헨(미움)’ 일본어로 ‘콘(원한을 품음)’ 몽골어로 ‘호로술(슬픔)’이며 베트남 어로는 ‘한(좌절)’이라고 한다.

앤드류 박사는 ‘한’을 좌절된 희망이라고 한다. 그런데 이 ‘한’은 사실 여러 가지 뜻으로 사용 된다. 원한(분노), 회한(후회), 정한(그리움), 통한(아픔), 허한(허전함), 유한(남아 있는 한), 여한(풀지 못한 한)으로 여러 종류의 ‘한’을 내포하고 있다. 이 ‘한’을 풀지 못하면 세상이 다 슬퍼 보인다. ‘한’ 많은 한민족은 새가 운다고 이야기한다.

미국 사람들은 새가 노래한다고 하는데 그들에게 새가 운다고 이야기하면 이해하는 사람들이 없다. 한민족에게 추풍령 고개도 울고 비도 울고 사랑도 운다. 심지어는 주먹도 운다고 한다. 내 안의 ‘한’이 해결되지 않으면 세상이 다 슬퍼 보이는 것이다. 상처가 곪고 곪으면 한이 된다. 위안부들의 한 이민자들의 한 소수 민족의 한 이 모든 한을 어떻게 승화시킬 수 있을까. 하나님은 인간의 한을 푸시기 위해서 직접 오셨다. 그리고 한 맺힌 자들과 함께 거하셨다.

구약 성경에 나오는 욥 신약 성경에 나오는 38년 된 병자 태어나면서 소경 된 자 모든 사람으로부터 외면당한 삭개오 심지어 예수님도 "아버지여 어찌하여 나를 버리시나이까" 외치는 그 '한'을 보면서 한 맺힌 자들을 죄인으로 취급하거나 한과 죄를 구별하지 못하고 무조건 비판하지는 않았는지 생각해 본다. 그들을 정죄하고 비판할 것이 아니라 그들의 한을 치유해야 하는 것이다.

인종적인 한 성적 차별에 의한 한 사회적 지위에 의한 한 외모에 의한 한 얼마나 많고 다양한 종류의 차별과 억압에 의한 '한'이 존재하는지 모른다. 이 '한'에서 인간을 해방하기 위해서 예수님이 이 땅에 오셨다. 그리고 이 복음이 들어가는 곳마다 여성 해방 흑인 해방 정치 사회 경제의 해방이 찾아 왔다. 예수님이 이 땅에 오신 것은 우리의 이런 '한'을 치료하기 위해서 오신 것이다.

"가난한 자에게 복음을 포로 된 자에게 자유를 눈먼 자에게 다시 보게 함을 전파하기 위함이라"(눅 4:18)

052

'한'(恨)풀이

여름에 많은 교회들이 선교를 떠난다. 저자의 교회도 금번 여름기간 동안 중국 인디언 나바호 멕시코 선교를 간다. 이미 다녀온 중국은 서쪽 끝 우루무치까지 갔었다. 그곳에 거주하는 가장 큰 부족인 위구르 족은 생김새부터 우리와는 확연히 달라 백인 같기도 하고 황인이랑 섞인 혼혈인 같기도 했다.

본래 독자적 국가를 가지고 있다가 1700년대 청나라에 의해서 지배 된 이후 중국의 소수민족으로 살고 있었다. 가슴이 아픈 것은 이 위구르 족이 한족에 의해 많은 민족적 차별을 겪고 있었다. 이주의 자유가 없어서 아이들은 반드시 자기가 태어난 곳에서 공부해야만 했고 시간도 자체 시간을 사용하지 못하고 북경의 시간을 따라야 되었다. 그 지역에 한족을 대거 이주시켜 위구르족을 지배하게 하고 공무원의 고위 지도층은 모두 한족이 차지하고 있었다. 결국 이런 민족적 갈등은 최근에 큰 시위로 번져 갔는데 그 시위로 오히려 수많은 위구르족이 죽고 부상을 입기도 하였다.

내가 금요일 위구르족의 모슬렘 사원을 방문했더니 예배를 드리는 수많은 위구르인들을 향해 중국 공안들이 총을 들고 그들을 지키고 있었다. 예배도 감시를 받고 드리고 있었다. 이렇게 이들은 나라 잃은 억압된 한에 눌려 있었다. 필자는 이들의 '한'이 복음으로 해소되길 소망 했다. 그리고 '한' 맺힌 그들을 위해 기도하고 왔다.

이제 이번 주는 인디언 선교를 간다. 우리 교회가 해마다 가는 그곳은 나바호 인디언 부족이 사는 곳인데 그들 역시 백인들에 대한 '한'이 많이 쌓여 있었다. 잃어버린 영토 수많은 선조들의 죽음 이러한 '한'을 우리 한인 교회들이 가서 '한'풀이를 해주는 것이다.

'한' 많던 대한민국도 남존여비 반상 구별 등 나라는 나라대로 수많은 외세에 침략을 받아 '한'이 맺혀 있고 여자는 여자대로 유교의 규례에 따라 교육도 받을 수 없는 '한'이 맺혀 있고 또 양반의 자제로 태어나지 못한 자는 태어나면서부터 그의 미래의 한계를 지니고 살아야 하는 '한'이 있었다. 이런 한국도 기독교의 복음이 들어가서 YWCA 이화학당 등을 통해 여성들을 교육하고 복음을 통해 모두가 하나님 앞에 평등하다는 것을 알게 하고 그런 자아를 가지고 살아가게 하였다.

이제 대한민국의 '한'이 복음을 통해 풀어 진 것처럼 이제 우리도 '한' 맺힌 자들을 향해 나아가야 한다. '한' 풀이의 가장 좋은 것은 남의 '한'을 풀어 주는 것이다.

"긍휼히 여기는 자는 복이 있나니 그들이 긍휼히 여김을 받을 것임이요"(마 5:7)

050

칼보다 날카로운 혀

고(故) 앙드레 김과 그의 입양아들 이야기를 들은 적이 있다. 한번은 같이 비행기를 타고 가는데 앙드레김이 아들에게 "찰스야 어디 가니?" "네 화장실 가요" "잘 다녀왔니 찰스!" 그리고 앙드레 김이 화장실에 간 사이에 스튜어디스가 그의 아들에게 물어보았다고 한다. "애야 네 이름이 찰스니?" 그랬더니 그 아들이 "아니요 저 철수인데요" 그 스튜어디스가 말이 '아' 다르고 '어' 다르다고, 같은 이름의 모음을 조금 바꿨더니 느낌이 크게 달랐다고 한다. 실화인지 유머인지 모르지만 많은 것을 생각하게 한다.

최근에 뉴스를 통해서 '낸시 그레이스 토크쇼'를 통해서 상처를 받아 두 명이 자살한 기사를 접했다. 정말 안타까운 일이다. 한 사람의 말이 사람을 살리기도 하고 죽이기도 하는데 왜 그렇게밖에 말할 수 없었는가.

인터넷의 악성 댓글을 보고 자살하는 연예인들이 있는가 하면 잘못된 기사로 공인으로서 생명이 끝나는 사람들도 보았다.

피그말리온 효과라는 것이 있는데 이는 그리스 신화에서 유래된 것이다. 피그말리온이 실연을 당해 독수공방을 하다가 그 여인을 잊어버리기 위해서 조각에 심취하는데 조각된 조각상이 너무 아름다워 계속해서 예쁘다고 말하자 조각상이 사람이 되는 것이다. 그래서 사람이 계속해서 칭찬과 격려를 하면 사람이 된다는 것이다.

저자도 나의 글과 설교를 듣고 격려전화와 이메일을 받으면 더욱 힘이 나서 더 많은 자료를 찾고 연구하고 노력하지만, 악성 메일이나 전화를 받으면 힘이 빠지는 것이다. 그것은 전하는 자나 듣는 자나 누구에게나 덕이 되지 않을 것이다.

현직에 있는 많은 교사들이 학창시절 자신에게 칭찬과 격려를 해준 선생을 좋아하다가 그 과목의 선생이 되었다고 말하는 자가 많이 있다고 한다. 성경은 "선한 말은 꿀 송이 같아서 마음에 달고 뼈에 양약이 되느니라"(잠언 16:24)라고 말하고 있는데 실제로 사람이 칭찬을 들을 때 몸속에 도파민(행복호르몬)이 나온다. 정말로 선한 말은 뼈에 양약이 됨을 현대과학이 증명하고 있다. 교회에서 가정에서 직장에서 칭찬하고 격려하는 분위기를 만들어야겠다. 결국 칭찬은 긍정의 시야를 가져야 하고 긍정의 시야는 발굴하는 것이다.

미국의 심리학자 윌리엄 제임스(William James)는 우리의 가능성에 비해 우리가 절반 밖에 깨어 있지 않다고 하였다. 이 잠재된 능력을 사용하는 가장 좋은 방법 중 하나가 나를 칭찬하고 남을 칭찬하는 것이다.

054

상처

상처는 의미 있는 타인에게 받는다. 부모, 자녀, 선생, 친구, 목사에게 받는 상처는 그가 나에게 의미가 있었다는 것이다. 의미가 없는 사람에겐 상처가 깊게 남지 않는다. 그래서 상처받았다는 것은 그 사람과 조직이 나에게 의미가 있었다는 것을 의미한다. 의미가 있는 사람이 상처를 주면 그것이 부모면 집을 나가고 교회면 교회를 나가고 개인이면 헤어져 버린다. 그 상처의 원인이 의미 있는 자였기에 사랑이 변하여 분노와 배신감으로 나타난다. 이런 경우 복수하고픈 마음으로 더 큰 상처를 주려고 노력하는 경우도 있다. 이것은 의미 있는 그 사람이 내 기대에 불응했다는 이유에서이다. 내가 받은 상처가 크기에 그것을 되갚아 주고 싶은 것이다. 그러나 사실 그 사람도 그 조직도 내가 사랑했던 대상 아닌가. 그리고 그 상처는 사실 또 다른 나의 욕심에서 기인한 것이 아닌가. 그래서 욕심 없는 관계는 상처가 존재하지 않는다. 부모가 어린 자식을 키울 때 무언가를 바라고 키우지는 않을 것이다. 그러나 시부모님이나 처부모님의 경우는 며느리에게 바라는 욕심, 사위에게 바라는 욕심 때문에 이것이 채워지지 않는 경우 상처를 받기 싫고 그 상처는 상대방을 공격하기에 이르게 된다. 부부간에도 사실 서로에 대한 욕심을 가지고 그 욕구가 충족되지 않으면 상처가 생기게 되고 그 상처가 깊어지면 헤어지게 된다.

오늘 나에게 있는 상처들을 다시 한번 돌아보면 그 상처는 그가 나에게 의미가 있었다는 뜻이고 그것은 내가 그 사람이나 조직을 사랑했다는 뜻이다. 그리고 그 사랑이 너무 큰 나머지 그것이 나의 욕심으로 변해 버리고 더 나아가 그 대상이 복수의 대상이 되거나 영영히 잊어버릴 대상이 된 것이다. 사실 그 상처와 분노가 사랑의 또 다른 표현이라고 한다면 나의 욕심을 내려놓고 상대방을 있는 모습 그대로 받아주면 얼마나 좋을까. 요셉은 형제들에게 여러 가지 상처를 받았지만 감사하게도 상처를 잘 치료를 했다. 의미 있는 형제들에 의해 인신매매를 당했으니 이 상처를 어떻게 회복할 수 있을까. 그러나 요셉은 자신을 애굽으로 보내기 위한 하나님의 계획으로 그 일을 재해석했다. 혹 부모에게 받은 상처 배우자에게 받은 상처 조직이나 기관에서 받은 상처가 있다면 다 내가 그 대상을 의미 있게 생각하고 사랑했던 결과들이다. 어린 아이를 사랑하는 부모처럼 나의 욕심을 내려놓고 있는 모습 그대로 사랑해 보자.

"상심한 자들을 고치시며 그들의 상처를 싸매시는도다"(시 147:3)

055

꿈

꿈에는 칼 융(Carl Gustav Jung, 1875년 7월 26일 - 1961년 6월 6일)에 의하면 세 가지가 있다. 첫째, 기억의 잔재이다. 이것은 우리가 흔히 말하는 '개꿈'을 말하는 것이다. 둘째, 유아기적 억압이 있다. 이는 어렸을 때 받았던 억압 또는 현재 받고 있는 스트레스나 정신적 억압이 표출되는 것이다. 셋째, 원형(Archetype)이 있다. 이는 계시의 원형으로 알 수 없는 곳으로부터 계시나 환상이 주어진다는 것이다. 놀라운 은유의 꿈들과 상징들의 세계와 유사한 신화 유사한 꿈이 공유되는 현상을 말하는 것이다. 이것은 현상은 있으나 그 근원에 대해서는 알지 못했다. 다만 꿈에서 나타난 현상이 현실에서 이뤄지는 것을 '동시성(synchronisity)' 현상이라고 한다. 원형적인 꿈은 잠시 1분도 안된 시간 안에 꿈을 꿨는데 어떤 때는 몇 시간짜리 꿈을 꾸기도 한다. 이는 아인슈타인의 상대성 이론에 의하면 빛보다 더 빨리 움직이면 시간을 초월한다고 하는데 신경계에 그런 현상과 비슷한 현상이 일어난 것이 아닌가 생각해 본다. 물리학에서는 아인슈타인(Einstein) 포돌스키(Podolsky) 로젠(Rogen)에 의해 발표된 EPR

쌍입자 이론에 의하면 두 개의 입자가 시간과 공간을 초월하여 A와 B가 격리 되어 있는 가운데 A와 B가 서로 영향을 받는 것이다. 저자도 꿈에서 이뤄졌던 일들이 그날 당일에 똑같이 일어나거나 미래에 그 일이 그대로 일어나는 것을 여러 번 경험한 적이 있다. 어떤 정신학자는 이는 이전에 있었던 정신적 스트레스나 억압의 표출이라고 말하는데 그것으로만 다 표현할 수 없는 것이 있으며 정신분석학의 세계에서는 그렇게 일괄적으로 단정해서 말하지 않는다. 결론적으로 칼 융은 이런 현상이 왜 일어나는지는 설명하지는 못했지만 그런 현상이 있음을 설명하고 정의하였다. 성경에 나타난 계시의 꿈들 현실에서 이뤄지는 꿈들은 앞서 말한 '원형'의 꿈들이다. 그러나 이를 구분하는 것이 필요하기도 하다. 나도 꿈 해석을 요청 받을 때가 있다. 그것을 통해서 그들의 심리를 읽기도 한다. 오늘 내가 꾸는 꿈이 '원형'적인 꿈이라면 그 꿈을 이루기 위해서 오늘 하루 성실히 사는 것이 중요하다. 또 설사 '원형'적인 꿈 중에 좋지 않은 꿈 '흉몽'이 있는데 이는 하나의 경고성 '꿈'으로서 기도와 선포로 미래의 재난과 재앙을 방지 할 수도 있다. 마치 요셉이 '흉몽'의 꿈을 통해 미래를 준비한 것처럼 꿈도 중요하지만 꿈을 해석하고 그 꿈을 대처하는 것이 지혜로운 자라 하겠다.

"오직 은밀한 것을 나타내실 이는 하늘에 계신 하나님이시라 그가 느부갓네살 왕에게 후일에 될 일을 알게 하셨나이다 왕의 꿈 곧 왕이 침상에서 머리 속으로 받은 환상은 이러하니이다"(단 2:28)

056

두 가지 변화

세계적인 성공학의 대가 '영혼을 위한 닭고기 수프'로 널리 알려진 잭 캔필드(Jack Canfield)는 변화를 두 가지 종류로 구분하였다. 하나는 '순환적인 변화(Cyclical Change)'이고 또 다른 하나는 '구조적 변화(Structural Change)'이다. 순환적인 변화는 주식 시장의 주가가 오르고 내리는 변화 계절의 변화 연중 휴가 음식의 변화 같은 것을 말한다. 그러나 구조적인 변화는 마치 컴퓨터가 발견된 후 우리의 삶이 근본적으로 바뀐 것을 말한다.

예를 들어 메일을 보내고 물건을 구매하고 뉴스를 취득하는 방법들이 이전의 방법과는 전혀 달라진 것을 말하며 이는 다시 과거로 회귀하지 않는 구조적인 변화를 말한다. 잭 캔필드는 성장하거나 죽거나 라는 말을 했다. 미국의 철도 산업이 새로운 운송체계로 변화하지 않아 예전의 운송사업의 주도권을 완전히 잃어 버렸음을 지적하였다.

저자가 '칼보다 날카로운 혀'라는 주제로 설교와 강연을 했다. 그리고 미래만을 이야기하라고 했더니 혹자는 저자의 대화법으로는 할 말이 없다고 한다. 그것은 이제까지 과거의 말 현재의 불평의 말 다른 사람에 대한 가십 거리와 비방의 말로 익숙해져 있기 때문에 그것을 제하고 나면 할 말을 잃어버리게 되는 것이다. 이는 미래를 이야기해야겠다는 생각만으로 되는 것이 아니라 긍정의 시야를 갖도록 노력하고 그렇게 하기 위해서는 그 시야를 발굴해야 하는 것이다. 남의 좋은 점을 바로 보고 남의 좋은 점을 칭찬하고 남과 나의 미래를 생각하고 발견해야 하는 것이다. 그 후 그것을 이야기의 소재로 삼는 것이다.

저자가 아는 한 분은 금번 나바호족 선교를 다녀와서 인디언 어린이들에게 꿈이 없는 것을 보고 다시 생각해보니 나 역시 꿈이 없다는 것을 알았다고 한다. 그 후 나에 대한 꿈을 생각하고 꿈을 갖게 되었다고 한다. 이것이 바로 구조적인 변화이다. 이것이 바로 변화를 위한 나의 노력이고 발굴인 것이다. 순환적인 변화는 잠시 미래의 말을 하고 긍정의 시야를 가져보지만 다시금 부정의 시야와 부정의 말과 다른 사람의 이야기를 즐겨하는 것이다.

이는 성경에서 "개가 그 토한 것을 도로 먹는 것 같이 미련한 자는 그 미련한 것을 거듭 행하느니라"(잠언 26:11)라는 말처럼 아직 구조적인 변화를 가져오지 못했음을 뜻한다. 구조적인 변화를 갖기 위해서는 나의 의도적인 노력과 발굴이 필요한 것이다.

057

회심(回心)

종교적 회심에는 급진적인 회심과 점진적인 회심이 있다. 급진적인 회심에는 사도바울이 다메섹 동산에서 예수님을 만나는 사건, 루터가 친구와 길을 가다가 친구가 갑자기 벼락 맞아 죽은 사건, 그리고 올더스게잇(Aldersgate)에서의 웨슬리의 회심 등을 볼 수 있다. 이런 강력한 사건을 통해 자신의 인생이 완전히 바뀌는 것을 급진적인 회심이라고 할 수 있으며 이전의 칼럼에서 말한 구조적인 변화도 이런 회심에서 생긴다고 할 수 있다.

인도의 성자 '썬다 씽'은 본래 시크교 가문에서 성장했다. 그가 미국 장로교 소속의 학교를 다닐 때 성경읽기를 거부하고 사람들 앞에서 성경을 찢고 불태워 버리기까지 했다. 그러나 그 후로 이틀간 심한 비애에 잠겼다고 한다. 그래서 사흘째 되는 날 새벽 세시에 일어나 목욕을 한 후 기도를 드렸다고 한다. "만일 신이 계시다면 나에게 자신을 나타내어 구원의 길을 가르치고 나의 영혼의 불안을 없애 주소서" 그는 날이 밝기 전에 응답이 없으면 철길로 가서 투신자살을 하려고 했다. 그리고 네 시 반경까지 기도를 하고 부처님이나 구리시

또는 아바다루 같은 신을 보기를 기대했다고 한다. 그런데 그가 기대했던 어떤 것도 나타나지 않고 대신에 한 빛이 방안에 비춰는 것을 보았다. 그래서 이 빛이 어디서 들어오나 문을 열어 보았더니 밖은 온통 캄캄했다고 한다.

다시 방안을 보니 빛이 점점 커지면서 그 빛 가운데 예수님이 나타나신 것이다. 그리고 빛 가운데 서 계신 예수님이 말씀하셨다. "왜 너는 나를 핍박 하느냐. 보라 나는 너를 위해 또 전 세계를 위해 십자가 위에서 죽었노라" 썬다 싱은 죽는 순간까지 이 순간을 잊을 수 없었다고 전하고 있다. 동시에 그의 마음은 형언할 수 없는 기쁨과 평화로 충만하고 그의 생애가 근본적으로 변화되게 된 것이다. 그 후로 그는 여러 지역을 돌아다니며 죽는 날까지 예수 그리스도와 복음을 증거하는 성자가 된 것이다. 종교적 큰 체험은 나를 구조적인 변화를 갖게 한다. 다시 예전의 삶으로 돌이킬 수 없는 어떤 확신과 신념을 갖게 하는 것이다.

저자도 이런 종교적인 회심을 여러 차례 갖게 되었다. 이것이 나의 삶을 근본적으로 변화시켰고 영적인 세계를 보았기에 종교적인 목회자가 아니라 영적인 목회자가 되려고 몸부림치고 있는 것이다. 사도 바울의 종교적 체험이 그의 삶의 양태를 바뀌게 하였던 것처럼 오늘 나의 회심이 나의 삶을 근본적으로 변화시키는 것이다.

"우리가 다 땅에 엎드러지매 내가 소리를 들으니 히브리 말로 이르되 사울아 사울아 네가 어찌하여 나를 박해하느냐 가시채를 뒷발질하기가 네게 고생이니라"(행 26:14)

058

내가 **이해**하는 **성경**

나는 어려서부터 교회에서 먹고 자라며 수많은 교인들이 성경을 대하는 모습을 바라보았다. 어떤 분은 액세서리로 어떤 분은 교양 책으로 어떤 분은 윤리 책으로, 어떤 분은 문학 서적으로 또 어떤 분은 지식용으로 사용하기도 하는 것 같다. 저자는 성경을 문자적으로 믿고 이것이 하나님의 말씀이라고 조금도 의심하지 않는다. 문제는 이 성경을 어떻게 이해하는 것이 과연 옳은가를 떠나서 각자가 이해하는 범위에서 이 성경이 역사를 일으킨다는 것이다. 이 성경을 도덕책으로 이해하면 도덕적으로 역사하고 이 성경을 액세서리로 이해하면 액세서리로서 기능을 하는 것이다.

그러나 이 성경을 문자적으로 하나님의 말씀으로 믿으면 하나님의 말씀으로서 역사가 일어난다. 이것이 바로 '프레임의 법칙'이다. 그런데 이 프레임에 따라서 내가 어떻게 바라보느냐에 따라 역사가 다르게 일어난다. 이스라엘 초대 총리 다비드 벤 구리온(David Ben-Gurion)도 성경을 문자적으로 믿고 이사야서에 "내가 사막에 강을 내리라"라는 말을 그대로 믿고 실천하여 이스라엘과 이집트의 경계

선의 네게브 광야에 물길을 놓게 된다. 1964년 요단강에서 송수관을 열어 네게브 광야까지 끌고 온 것이다.

그래서 그곳에 키부츠 농장이 시작되고 전 세계적인 농작물을 수확할 수 있었다. 본래 토양도 좋고 밤과 낮의 큰 일교차가 열매의 당도를 높게 한 것이다. 특히 이스라엘의 포도는 지금도 세계적이다. 지하수 개발에도 힘을 써서 1,000m나 되는 땅을 파서 물을 끌어올렸다. 그런데 염분이 너무 높아 농업용수로 쓸 수가 없었다. 그것을 포기하지 않고 오히려 높은 염분에서 재배할 수 있는 농작물 품종을 개량한 것이다. 그것은 오히려 더 높은 당도의 열매를 맺게 하였다. 더하여 그곳에 인공 양어장까지 만들어 갈릴리 바다에서나 볼 수 있는 '베드로 물고기'를 양식하게 되었다. 말 그대로 "광야에 길을 사막에 강을 내리라"라는 말을 그대로 이루어 2억 평의 사막을 옥토로 만들었다. 벤 구리온 총리는 은퇴 후 평생을 그곳에서 보내고 그곳에 묻혔다.

내가 성경을 어떻게 바라보느냐 또는 내가 오늘 목사님의 설교를 어떻게 듣느냐는 나의 자유지만 그 자세에 따라서 오늘 나의 삶에 미치는 영향력과 축복은 천지 차이가 될 수가 있다.

"너희가 우리에게 들은 바 하나님의 말씀을 받을 때에 사람의 말로 받지 아니하고 하나님의 말씀으로 받음이니 진실로 그러하도다 이 말씀이 또한 너희 믿는 자 가운데에서 역사하느니라"(살전 2:13)

059

이카루스의 날개

"윤리 부재의 사회"라는 좋은 칼럼을 읽었다. 이를 읽고 그리스 신화에 나오는 데이달루스의 아들 이카루스의 날개를 떠올리게 되었다. 데이달루스는 매혹적인 왕비와 사랑에 빠지고 왕의 노여움을 사게 되어 자신이 만든 미궁 속에 그의 아들 이카루스와 함께 갇힌 몸이 됐다. 감옥 속에서 데이달루스는 그의 과학 기술을 발휘하여 새의 깃털을 모아 큰 날개를 만들었다. 그리고 그와 그의 아들 이카루스에게 날 수 있는 방법을 알려 주고 완성된 날개를 밀랍으로 몸에 붙이고 탈출을 감행했다. 아버지는 아들에게 말한다. "바다와 태양의 중간을 날아야 한다. 너무 높이 날아오르지 마라. 너무 높이 날면 태양의 열기에 네 날개의 밀랍이 녹아서 떨어지고 만다. 그러나 너무 낮게 날지도 마라. 너무 낮게 날면 파도가 날개를 적실 거야." 그러나 이카루스는 하늘을 나는 것에 몰두해서 아버지의 충고를 잊었다. 하늘을 나는 즐거움에 그 자유 함에 빠져 높이 올라가다가 태양의 열로 인해 밀랍이 녹아 바다에 추락하여 죽고 만 것이다. 이카루스가 빠진 이 바다는 후일 그의 이름을 따서 이카리아 해(海)로 불리게 된다.

즉 우리에게 주어진 자유에는 지켜야 할 선이 있는데 이를 넘어서면 떨어지게 되고 물에 빠지게 된다는 것이다. 권력을 가진 자가 권력에 너무 취해 도를 지나치게 되면 떨어진다는 것이다. 사람과의 관계도 적당한 선을 유지하여 서로 간에 지켜줘야 할 기본적인 예의를 넘어서면 관계가 파멸에 이르게 되는 것이다. 이것을 동양에서는 중용이라고 하며 성경에서는 "좌로나 우로나 치우치지 말라"(신 5:32 잠 4:27 삼상 6:12)고 가르친다. 또 "네 은혜가 네게 족하다"는 하나님이 사도바울에게 하신 말씀을 통해 과욕을 버리고 오늘 주어진 나의 자유에 감사하라는 메시지를 준다. 오늘 나에게 주어진 자유를 잘 선용하면 미궁의 세계에서 영원한 자유의 섬으로 갈 수 있지만 하늘을 나는 것에 너무 심취해서 도가 지나치면 떨어지게 되고 반대로 너무 아랫것에 관심하며 낮게 날아도 그 세상의 바닷물을 뒤집어쓰고 빠지게 되는 것이다. "내 은혜가 내게 족하다"는 것을 인지하고 오늘 내가 수고한 땀방울의 열매를 먹을 수 있다면 거기에서 최선을 다하는 삶이 바로 하나님이 우리에게 원하는 삶일 것이다. 오늘 나의 자유의 지켜야할 선을 넘지 않는다면 이 땅이 바로 천국의 아름다운 모형이 될 것이다.

060

행운(幸運)

'행운'에 대해서만 10년 넘게 연구한 영국의 심리학자 와이즈먼(Richard Wiseman) 박사가 있다. 그는 행운을 단순히 우연의 결과로 볼 수 없으며 어떤 자세를 가지느냐에 따라 행운이 온다고 하였다. 그는 성공한 사람들의 첫 번째 차이가 행운을 맞이하기 위해서 밖으로 나간다는 것이다. 사람들을 만나 어울리며 다양한 정보를 수집하고 앉아서 행운이 오기를 기다리지 않는 다는 것이다. 스타벅스의 하워드 슐츠(Howard Schultz) 회장은 초기 자금을 모으기 위해 242명의 투자 전문가를 만나 217명에게 NO라는 대답을 들었다고 한다. '쇼생크 탈출' '미저리'를 비롯한 미국 최고의 베스트셀러 작가 중 하나인 스티븐 킹(Stephen Edwin King) 역시 무명작가 시절 출판사에서 거절 편지를 받아 책상위의 대못이 거절 쪽지의 무게를 감당하지 못해 더 큰 못으로 수차례나 바꾸었다고 한다. 지금도 스티븐 킹은 글이 안 써질 때마다 거절 쪽지를 본다고 한다. 헤밍웨이(Ernest Miller Hemingway)도 화장실도 없고, 수도도 없고, 전기도 가스도 없는 빈민가에서 생활하며 단백질을 보충하기 위해 공원의 비둘기를 잡아먹고, 매일 같이 맹물에 고구마튀김을 먹고 살았다고 한다. 수 없는 글들의 투고 거부를 당했던 헤밍웨이는 노벨 문학상까지 받았지만 처음부터 그런 글쓰기를 하던 자가 아니라 신문사에서도 무시 받고, 10여년을 넘게 출판사, 잡지사에게 거절을 받았지만 계속해서 포기하지 않고 움직이고 찾아다닌 것이다. 안 풀리는 인생, 안 풀리는 회사나 공동체의 공통점은 운이 지독히도 나쁘고, 삼재(三災)가 온 것이 아니라 아직도 내가 더 움직여야 함을 말해 주는 것이다. '해리포터'로 전 세계적으로 유명해진 조앤 롤링(Joan K. Rowling)도 이혼녀에 생후 4개월 된 딸과 둘이 초라한 방 한 칸에 국가 생활 보조금으로 연명하다가 동화를 쓰기로 결심하고 6년 만에 '해리포터' 첫 원고를 완성했는데 가는 출판사마다 12번이나 거절을 당하고 만다. 행운은 그냥 찾아오는 것이 아니고 새로운 것을 계속 찾아다니고 움직이는 자에게 오는 것이다. 여호수아는 가나안의 땅에 정착하기 전 자신들이 살 땅의 그림을 그려오라고 한다. 그 때 요셉지파는 다른 지파의 비해 두 배를 요구한다. 그 때 여호수아는 요셉지파에게 네가 개척하라고 이야기한다. 그리고 요셉지파는 그들의 꿈대로 개척하여 두 배의 몫을 차지한다. 다른 지파보다 운이 좋아 보였던 요셉지파는 다른 지파보다 더 많이 움직이며 개척했던 것뿐이다(수 17:15, 18).

"여호수아가 그들에게 이르되 네가 큰 민족이 되므로 에브라임 산지가 네게 너무 좁을진대 브리스 족속과 르바임 족속의 땅 삼림에 올라가서 스스로 개척하라 하니라"(수 17:15)

PART 7.

Psychology in the Bible

061

사도바울의 설교

"그들의 말이 그의 편지들은 무게가 있고 힘이 있으나 그가 몸으로 대할 때는 약하고 그 말도 시원하지 않다 하니"(고후 10:10)

저자는 이 성경구절을 읽고 한동안 멍했던 적이 있다. 사도바울의 설교가 그저 그렇다고 비판하는 것이다. 고린도 교회에서 1년 6개월을 목회한 개척자를 왜 갑자기 공격하는가? 당시 고린도 교회는 여러 당파로 나뉘어져 싸움이 일어나고 있었다. 그런 교회를 향해 바울이 책망의 편지를 보낸다. 그런데 그곳에 거짓 사도가 들어와 동요를 일으키고 그의 설교와 생김새를 공격하게 된 것 같다. 그러자 사도바울은 겸손하게 그의 설교의 부족함을 인정한다. "내가 비록 말에는 졸하나 지식에는 그렇지 않다"(고후 11:6) 그러나 실제로 사도바울의 설교는 그리 부족했던 것 같지는 않다.

철학과 신화의 본산지인 아테네에서는 사도바울을 '말쟁이'라고 불렀으며 또 루스드라에서는 사도바울을 헤르메스라고 칭하였다. 헤르메스는 연설과 웅변의 신으로 신들의 말을 대변하고 해석하는 신으로 여겨졌다. 이처럼 그는 말을 잘 전하는 신으로 여겨졌다. 비시디아 안디옥에서는 그의 설교가 얼마나 능했는지 다음 안식일에도 다시 설교해주기를 청한다.

에베소 두란노 서원에서는 2년간 매일 설교를 전했다고 기록하고 있다. 아시아에 사는 많은 자가 예수를 믿기 시작했고, 그의 설교를 듣고 헬라인과 경건한 귀부인 등 수많은 사람들이 그를 따르고 예수를 영접했다고 기록하고 있다. 그의 설교를 문제 삼았던 고린도에서도 1년 6개월을 있으며 수많은 고린도 사람들이 그의 설교를 듣고 믿음을 가지고 세례를 받았다고 기록하고 있다. 그런 그를 이제 설교가 좋지 않다고 하고 심지어는 외모에 사도성까지 문제를 삼게 된 것이다.

이는 심리학의 '프레임의 법칙'으로 이해되어질 수 있다. 좋을 때는 무엇을 해도 다 좋은데 싫을 때는 무엇을 해도 다 싫은 것이다. 그래서 객관성을 잃어버리고 자기 합리화를 위해 무리수를 두게 된다. 생긴 것과 목회가 무슨 상관이 있는지 무엇이라도 문제를 삼고 싶은 그들의 마음에 객관적이지 못한 것을 문제 삼은 것이 아닌가. 나의 프레임에 따라 세상이 모두 빨간색으로 보이기도 하고 모두 파란색으로 보이기도 한다. 그러나 밝은 프레임이 나의 미래를 밝게 하며 나를 미래로 견인함을 알아야 할 것이다. 예수님의 프레임을 따라 생명의 프레임을 갖기를 축복한다(요 10:10).

062

공명현상(共鳴現象)

1940년 11월 7일 워싱턴 주의 타코마 다리가 시속 190km의 허리케인에도 견딜 수 있게 설계했음에도 불구하고 겨우 67km의 바람에 크게 요동하며 무너졌다. 원인은 '공명 현상' 때문이었다. 공명은 외부의 진동 주파수와 사물 개체의 고유 진동수가 순간적으로 일치할 때 물체가 무한대로 진동한다는 것이다. 440Hz의 소리굽쇠를 때리면 옆에 있는 440Hz의 소리굽쇠는 건드리지도 않았는데 같이 소리를 내게 된다. 그러나 조금이라도 진동수가 다르면 소리가 나지 않는다. 442Hz는 같이 두어도 아무런 소리를 내지 못한다. 유리잔 역시 고유진동수가 있어 진동수 측정기로 유리잔의 진동수를 측정한 후 그 진동수에 맞추어 진동수 발생기로 진동을 발생시키면 유리잔이 진동하게 되고 나중에는 유리잔이 진동에 의해 깨지게 된다.

1831년 4월 14일 영국의 캘버리 부대가 맨체스터 근교에서 행진할 때 군인들의 발을 구르는 진동수와 다리의 고유 진동수가 일치해 붕괴된 것 역시 공명에 의한 사고로 기록되어 있다. 지구상에 모든 것은 원자로 되어 있고 그것은 고유의 진동수가 있다. 생각도 말도 물체도 다 각자의 진동수가 있는 것이다. 지구상 모든 물질은 원자로 원자는 끊임없이 움직이며 고유 진동을 발생하는 진동으로 되어 있다. 진동에는 소리가 있는데 전파 음파 전자파가 대표적인 진동 현상이다.

몇 해 전 한국의 테크노 마트가 심하게 움직이자 대한 건축학회가 실험으로 원인을 증명했다. 12층에서 23명이 음악에 맞춰 태보 운동을 하여 38층 전체가 움직이는 것을 확인해 보는 실험이었다. 건물 고유 주파수인 2.7Hz 에 맞춰 템포를 맞추어 움직이면 건물 전체가 움직이게 되는 것이다. 지난 2000년에도 영국 밀레니엄 다리에서도 수천 명이 우연히 다리를 맞추어 걷게 되자 다리 전체가 움직이는 사건이 발생했었다.

성경에는 마가의 다락방에서 함께 주파수를 맞추어 기도할 때 땅이 흔들렸다고 기록하고 있다. 또 여리고 성을 마음을 같이하여 함께 돌며 소리를 지를 때 여리고 성이 무너지는 것을 볼 수가 있다. "빌기를 다하매 모인 곳이 진동하더니"(사도행전 4:21) 이와 같이 사람이 마음을 합하여 기도하면 실제로 진동하는 현상이 나타날 수 있다. 사람이 주파수가 상호 간에 맞게 되면 상대방의 행동을 따라하게 되고 함께 기도하면 진동이 나타나고 세상을 바꾸는 무한한 에너지를 갖게 된다.

063

다윗의 집과 사울의 집

미얀마의 전래 이야기 중에 토기장이와 세탁업자의 이야기가 있다. 어떤 토기장이가 날로 번창해 가는 이웃의 세탁업자를 시기했다. 그래서 황제를 충동하여 왕실의 검은 코끼리를 희게 만들라는 명령을 내리게 하였다. 그러자 세탁소 주인은 황제에게 코끼리를 염색하려면 코끼리가 들어갈 만한 큰 그릇이 필요하다 아뢰어 토기장이로 하여금 코끼리가 들어갈 수 있는 큰 그릇을 만들라고 명령한다. 토기장이가 큰 그릇을 만들었으나 코끼리가 들어서자 산산조각이 남에 따라 이 일이 반복되어 결국 토기장이는 망하게 된다.

이는 남의 흥함을 시기하고 질투하다가 결국 자기가 망하게 된다는 교훈적인 우화이다. 성경에는 "분노가 미련한 자를 죽이고 시기가 어리석은 자를 멸하느니라"(욥기 5:2)라고 했고 또 "평온한 마음은 육신의 생명이나 시기는 뼈를 썩게 하느니라"(잠언 14:30)라고 했다.

예일대학교 피터 살로비(Peter Salovey) 교수는 미국 범죄의 20%가 시기와 질투에서 오고 이혼의 30%가 질투에서 온다고 발표하였다. 이와 같이 남을 시기하고 질투하는 것은 본인 자신을 파멸로 이끌게 한다.

하나님이 아브라함에게 "너를 축복하는 자를 축복하고 너를 저주하는 자를 저주하리라" 하신 것처럼 축복받는 자를 축복하는 것이 그 축복이 나의 축복이 되는 것이다. 한국 속담에 "사촌이 땅을 사면 배가 아프다"라고 하였는데 이는 자신을 더욱 쇠퇴케 하고 사촌은 더욱 흥하게 하는 것이다.

성경에서 인류 최초의 살인이 바로 가인의 시기로 발생하였다. 자신의 동생의 제사만 상납된 것을 시기하여 아우 아벨을 죽이고야 만다. 그것으로 가인은 장자의 축복을 잃어버리고 그의 동생 셋에게 그의 축복이 내려가게 된다.

예수가 죽게 된 것도 결국 대제사장들의 시기 때문이었다고 기록하고 있다(마 27:18). 그러나 대 제사장들은 더욱 어려워지고 예수는 더욱 흥하게 된다. 교회도 부흥하는 교회를 축복하고 사업도 이웃이든 친척이든 같은 민족이든 흥하는 사업을 축복해 주어야지 그 축복이 나의 축복이 되어 돌아오는 것이다.

"다윗의 집은 점점 강하여 가고 사울의 집은 점점 약하여 가니라"(삼하 3:1) 다윗의 흥함을 시기하였던 사울은 그의 집안이 점점 쇠퇴해갔고 시기를 받았던 다윗은 오히려 점점 강하여지고 흥하는 것을 볼 수가 있다. 시기와 질투 대신 축복을 하는 자는 독자들이 되기를 바란다.

064

포용(包容)

기독교에서 말하는 포용은 무엇인가. 많은 사람이 “오른쪽 뺨을 맞으면 왼쪽 뺨을 돌려 대라” 이것이 기독교인의 포용 자세라고 이야기한다. 정말 이 뜻을 알고 이런 이야기를 하는지 모르겠다. 오른쪽 뺨을 맞았다는 것은 무엇인가. 상대방이 나를 왼손으로 쳤다거나 아니면 오른손 손등으로 나를 쳤다는 이야기가 된다.

그러나 유대 사회에서 왼손은 불결한 일 뒷간의 볼일 볼 때만 사용되었고 그 외는 금지되었다. 따라서 왼손이 아니라 오른손 손등으로 얼굴을 쳤다고 볼 수가 있다. 그러나 당시 오른손 손등은 주인이 종에게 또는 로마인이 유대인에게 학대할 때 사용했던 것이다. 즉, 오른쪽 뺨을 맞았다는 것은 사람으로서 대우를 받지 못한 경우이고, 이 경우 왼쪽 뺨을 돌려대어 사람으로서 정당한 대우를 받게 항의하는 것이다. 이는 가해자의 잘못을 가르쳐 주는 기독교적 용서와 포용인 것이다.

기독교에서 말하는 포용은 상대방의 잘못을 묵인하며 비겁하게 동조하고 굴복하라는 것이 아니라 상대방이 수용하든 안 하든 잘못을 알려주는 것이 기독교에서 말하는 포용이다. 이것은 "이에는 이 눈에는 눈"이라는 인과응보 사상이 아니라 "악을 악으로 갚지 말라"는 선행 어구처럼 참다운 사랑에서 시작된 것이다. "억지로 오리를 가자고 하거든 십리를 가라"는 말씀도 로마법에 강제노역으로 5리까지 요구할 수 있지만 그 이상 요구를 하면 그 로마 군인이 징계를 받게 된다. 즉 부당한 요구에 그 사람의 잘못을 알려주라는 것이다. 이것이 로마 군인을 골탕 먹이고자 하는 것이 아니라 그 군인의 잘못을 알려주고 동일한 범과를 짓지 않도록 알려주는데 그 목적이 있다.

"속옷을 가지고자 하는 자에게 겉옷까지도 가지게 하라"는 말씀도 고리대금에 소작인과 종들의 소유를 착취한 대주주들의 작태를 지적하며 그들의 행위가 얼마나 잔인하고 수치스러운 짓인지 알게 하는 것이었다. 따라서 기독교의 '포용'은 힘없는 약자들에게 비겁함이나 암묵적 동의를 가르치는 것이 아니고 침묵의 피해자가 되는 것을 요구하는 것도 아니고 가해자의 잘못을 깨닫게 함으로서 그들이 수용하든 안 하든 그들의 잘못을 인지시키는 것이 기독교인의 포용이라고 할 수 있겠다.

때때로 기독교인들이 특정인의 잘못이나 비판에 암묵적 동의 내지 동조를 표함으로써 최초의 발원자가 잘못을 인지 못하고 계속 동일한 범과를 반복하다 결국 낭떠러지로 가게 되는 것을 볼 수가 있다. 이는 그 자에 동조했던 자들 역시 그 자를 파멸의 길로 인도한 공범자가 되는 것이다.

"네 형제가 죄를 범하거든 가서 너와 그 사람과만 상대하여 권고하라 만일 들으면 네가 네 형제를 얻은 것이요"(마 18:15)

065

영국 성시화를 꿈꾸며

저자가 유럽 성시화 대회 영국 하노버 교회 주강사로 참석했다. 토마스 선교사를 파송했던 그 교회가 지금은 성도 10여 명만 남아 있었다. 당일 5대양 6대주에서 모인 한인 100여명이 참석해서 함께 예배드렸다. 저자는 당일 '영국 성시화를 꿈꾸며'라는 제목으로 설교를 하였다.

세계에서 선교사를 가장 많이 파송했던 영국 교회가 죽어가는 것을 보았다. 1980년부터 2009년까지 지난 30년간 영국 성공회 성직자가 15,911명에서 8,004명으로 절반 가까이 줄었다고 한다. 이중 20%는 5년 안에 은퇴를 한다고 한다. 젊은 목회자를 찾아보기 힘들어 진 것이다. 매주 평균 4개의 교회가 문을 닫아 매년 220개의 영국 교회들이 폐쇄되었다고 한다.

현재 영국 중. 고등학생들의 기독교인 비율이 0.3%이고, 기독교 라디오 방송은 50년 사용 기간이 끝나 재계약을 신청하였으나 특정 종교가 오랜 기간 사용하였으니 다른 종교기간에 주겠다고 재계약을 해주지 않고 있다고 한다. 그러나 다른 어떤 종교 기간도 이 라디오

주파수를 사겠다고 하는 곳이 없다고 한다. 최근 30년간 150만 교인이 떠났고 또 150만의 기독교인이 세상을 떠났다고 한다. 9,000개의 교회가 문을 닫았고 존 낙스를 파송했던 교회도 2000년도에 문을 닫았다고 한다. 비단 영국뿐만 아니라 그 외 유럽 지역은 더욱 참혹했다. 유럽 40개국 중 22개 나라의 기독교인 비율이 1%미만이며 그리스엔 몸 파는 여자가 교회보다 많다고 한다. 유럽의 개신교 평균 출석 교인이 3%이고 프랑스는 개신교가 2%에 불과하다고 한다. 이렇게 미약한 개신교회가 그나마 매주 유럽 곳곳에서 이슬람 세력에 의해 테러를 당하고 있다고 한다.

EU 본부가 있는 벨기에 브뤼셀에는 EU 사무국 앞에 '에우로페'라는 여신상을 조형물로 만들어 놓았다. 이런 유럽을 다시 기독교로 부흥시킬 수 있을까. 하버드 대학의 하비 콕스(Harvey Cox)는 그의 저서 "영성 음악 여성"이라는 책을 통해 성령 운동하는 교회가 다시 부흥한다고 보고한 것처럼 종교가 다시 본연의 진리 이성이 아닌 영성으로 돌아가면 다시 일어설 수도 있다고 본다.

영국 웨일즈에 17명의 기도운동으로 1년 만에 8만 명이 돌아오고 조나단 에드워즈가 한도시를 복음화시키고 웨슬리를 통해 영국이 구원받은 것처럼 이제 같은 믿음 가진 자들이 모여 종교 개혁 운동을 일으킬 때이다.

"오직 성령이 너희에게 임하시면 너희가 권능을 받고 예루살렘과 온 유대와 사마리아와 땅 끝까지 이르러 내 증인이 되리라 하시니라"(행 1:8)

066

혁신과 변화

2009년 포브스 지에서 100년 이상 살아남을 기업을 공개했는데 한국 기업이 단 하나도 오르지 않아 논란이 된 적이 있다. 미국도 100대 기업 중 20개만 살아남을 것이라는 보고서를 제출했다.

미국의 대표적인 회사 구글에서 직원들이 다음 7개 회사로 이직하기 시작했다고 한다.

1. 페이스북 2. 트위터 3. 그루폰 4. 징가 5.길트 6. 포스퀘어 7. Y콤비네이터 이 회사들로 이직하는 구글 직원들에게 10% 연봉을 올렸는데도 이들을 잡지 못했다고 한다. 대부분 창업 2-3년밖에 안 된 신생 기업들이고 시가 총액이 제일 적게는 1조 5천억에서 많게 35조까지 3년 안에 이뤄진 것이라고 소개했다. 이제 기업의 수명이 점점 더 짧아지고 신생 기업들이 계속 밑에서 치고 올라가고 있다.

한국 속담에 3대 부자가 없다고 하는데 기아가 무너지고, 대우가 무너지고, 미국의 리먼 브라더스가 무너졌다. 예전에 한국에 40년간 100대 기업에 남은 기업조사에서 12개만 남아 있었고 10대 기업 안에 남은 회사는 단 한 개뿐이었다. 40년 전 10대 기업이었던 회사들

대부분이 문을 닫았다.

저자가 유럽 성시화 대회 영국 주 강사로 집회를 하면서 유럽의 대형 교회들이 역사와 전통이 있는 교회들이 문을 닫은 것을 보고 많은 것을 생각하고 돌아왔다. 존 낙스를 파송한 교회가 2000년도에 문을 닫았고 저자가 집회를 인도한 토마스 선교사를 파송한 '하노버 개혁교회' 역시 목사 없이 교인 10명만 남은 유명무실한 교회가 되어 버렸다. 나라도 역사와 전통을 자랑했던 유럽과 아시아의 수많은 나라들이 200년의 역사를 가진 미국의 영향 아래 있게 되었다. 결국 개인이든 공동체든 사업체든 나라든 변화와 혁신이 없는 한 퇴보되고 쇠퇴되는 것이다.

교회도 역사와 전통을 자랑하는 교회들이 한국 교회를 주도하는 것이 아니라 계속 변화와 쇄신을 거듭한 교회가 한국 교계를 주도하는 것이다. 어떤 조직이든 몸집이 커지기 시작하면 의사 결정이 어려워지고 빠른 시대에 민첩하게 반응하지 못하는 것이 가장 큰 문제점이라고 할 수 있겠다. 어떤 조직이든 물이 고이면 썩는 것이고 계속 새로워져야 할 것이다.

"이러므로 우리가 영의 새로운 것으로 섬길 것이요. 율법 조문의 묵은 것으로 아니 할지니라"(롬 7:6)

067

곽선희 목사님과의 만남

소망교회 곽선희 목사님이 저자의 교회에 방문하여 집회를 인도했다. 80 인생에 있어서 가장 잘한 선택이 은퇴를 10년 전부터 준비한 것이라고 이야기해주셨다. 살아생전 한경직 목사님을 만나 뵙고 은퇴 후 삶에 대해 여쭈어보고 은퇴를 미리 준비하셨다고 한다. 저자의 교회에서 집회를 마치고 나성 영락교회에서 주일 예배를 인도하셨다. 우연히 나성영락교회 박희민 목사님과 함께 유럽 성시화 대회를 가게 되어 많은 이야기를 나누게 되었다. 박희민 목사님도 은퇴하셨지만 오히려 더 왕성하게 사역을 하고 있었다. 박희민 목사님은 은퇴 후 미션과 건강이 꼭 있어야 한다고 말씀했다. 노년을 보람되고 힘있게 지내시는 분들을 보면 은퇴 전부터 미리 은퇴를 준비하는 것을 볼 수가 있다.

은퇴라는 말이 영어로 'retirement'인 것처럼 그 어원에서 볼 수 있듯이 은퇴는 타이어를 바꿔 새롭게 시작하는 것을 의미한다. 그러나 한국의 '은퇴(隱退)'라는 단어는 말 그대로 물러나서 숨는 것을 의미한다. 영어의 의미와는 크게 대조적인 것을 볼 수가 있다.

예전 저자가 부교역자로 섬겼던 광림교회 김선도 목사님이 볼티모어에 오셔서 목회자 조찬기도회를 볼티모어 메리어트 호텔에서 인도했던 적이 있다. 그때 은퇴 직후 우울증이 오셨었다는 이야기를 듣고 사람이 일을 하다가 일을 놓게 되면 허전함과 외로움을 느끼게 되고, 심해지면 우울증이 오게 되는 것을 다시 한번 확인했다. 이는 중년 여성에게 많이 나타난다는 '빈 둥지 증후군(empty nest syndrome)'이 은퇴 남성과 여성에게 동일하게 나타날 수가 있음을 말해 주는 것이다.

WHO(세계보건기구)에서 2020년 인류를 괴롭힐 2위의 질병이 '우울증'이라고 발표하였는데 앞으로 점점 더 고령화 사회가 되기 때문에 은퇴 후의 삶을 미리 준비하지 않으면 사회적으로 또 개인적으로도 큰 문제를 야기할 수 있을 것이다. 지금부터라도 독자들은 은퇴 후의 삶 또는 이미 은퇴했어도 앞으로 5년 후 10년 후의 삶을 준비하기 위해서라도 건강을 지키고 내가 좋아하는 일을 찾아 미래를 준비하기를 바란다.

모세가 80에 나이가 너무 많다고 하였지만 그 이후에도 40년간을 더 살면서 한 민족을 구원한 것처럼 오늘 내가 느끼는 나이의 무게보다 앞으로 해야 할 일들이 더욱 많아지는 사회가 이미 도래하였다. 미래는 준비하고 계획하는 자의 것이다.

"모세가 나를 보내던 날과 같이 오늘도 내가 여전히 강건하니 내 힘이 그 때나 지금이나 같아서 싸움에나 출입에 감당할 수 있으니"(수 14:11)

068

생방송 중보기도

저자가 기독교 TV 방송에서 100분간 생방송으로 중보기도를 인도했다. 중보기도 요청이 미 전역에서 심지어 한국에서도 전화가 왔다. 필자의 교회에서도 중보 기도팀들이 함께 기도하고 당일 방송국에도 중보기도 봉사팀들이 와서 함께 협력하였다.

과연 이런 중보기도가 효과가 있을까. 예전에 FDA 보고서에서 에이즈 환자 그룹을 두 곳으로 나누고 중보기도를 받지만 본인들이 중보기도를 받는지 모르는 그룹과 중보기도를 받지 않는 그룹 사이에 환자들의 상태를 조사했더니, 중보기도를 받는 그룹의 사람들이 기도를 받는지 알지 못하여도 상태가 호전되었다는 보고서를 읽은 적이 있다. FDA의 수많은 논문들 중 기도의 치유에 관한 것을 어렵지 않게 볼 수가 있다.

나폴레온 힐(Napoleon Hill)이 그의 책에서 '피츠버그 실험'을 소개한다. 사업가들과 30일 동안 기도로 하루를 시작했다고 한다. "하나님 오늘은 저를 위해 무엇을 준비하셨습니까. 저는 기꺼이 참여하고 싶습니다." 30일 후에 사업가 모두에게 긍정적인 결과를 보고 받았다는 내용이다. 텍사스대 MD 앤더슨 암센터 암 전문병원에서 32년간 종신 교수로 있는 김의신 박사가 암을 이겨낸 사람들의 공통점은 긍정적이고 신앙적인 자들이 암을 이겨낸다고 하였다.

즉, 기도로 병을 이겨내는 경우가 많이 있다는 것이다. 미국 클리블랜드 병원 신경과학자 광예 박사도 우리의 상상 생각만으로 근육을 키울 수 있다는 것을 실험으로 증명했다. 우리의 생각과 기도가 우리의 신체의 영향을 줄 뿐 아니라 우리의 에너지가 흘러 다른 사람에게도 영향을 줄 수 있는 것이다.

마이클 갈리가(Michael L. Galiga)라는 세계적인 컨설턴트가 월마트 GM JP모건 시티 그룹 등을 컨설팅하면서 기도와 회개로 기업이 회복되어짐을 미 전역에 강연하고 다니고 있다. 저자의 교회에서도 기도로 병이 치유되어지고 종양이 없어지고 마비된 손가락이 움직이고 영주권을 받게 되고 도저히 현실적으로 설명할 수 없는 일들이 일어난다.

이것을 과학적으로 굳이 증명하고자 한다면 양자 역학으로 증명할 수 있겠다. 아무리 미세하다 할지라도 기도를 하면 에너지의 이동이 생기게 되어 있다.

노벨 물리학 수상자인 플랑크(Planck)는 마음이 고도의 지능을 가져서 모든 것을 창조한다고 했다. 그 에너지가 목적지에서 다른 사람에게 영향을 끼치게 된다는 것이다.

"기도 외에는 이런 유가 나갈 수 없느니라"(막 9:29)

069

닻 내리기 효과

재미한인 박형래 정치학 박사가 미국 대선에 대한 평가에서 투표자의 90%가 선거 훨씬 이전에 이미 투표할 후보를 선정했다는 여론조사결과로 미국의 분열이 심각하다고 보았다. 이것을 '닻 내리기 효과(Anchoring Effect)'라고도 한다. 배가 닻을 내려 정박하듯이 한 번 닻을 내리면 처음 입력된 정보에 의해서 전체적 판단에 영향을 주는 것이다. 그러니 아무리 공화당이 친 이민정책을 내어 놓아도 민주당이 친 이민정책을 추진할 것이라는 기대를 가지고 이민자들의 표가 몰리게 되는 것도 사실이다. 따라서 첫 이미지에 영향을 받는 '초두효과(Primacy Effect)'가 얼마나 중요한지 알 수가 있다. 그 첫 이미지가 나의 '프레임'을 만드는 것이다. 그러니 내가 닻을 내리는 장소가 너무 중요하다. 왜냐하면 나는 그 닻을 내린 장소에 근거해서 모든 사물을 바라보기 때문이다.

저자는 신앙은 닻 내림을 거둠에서 시작한다고 본다. "나사렛에서 무슨 선한 것이 나오겠는가"라는 닻 내림이 나사렛에서 나올 인류의 구세주를 간과하게 한 것처럼 정치도 나의 닻 내림을 거둠에서 건전

한 정책과 정치인들이 나온다고 본다.

'경로 의존성(Path Dependency)'이라는 것이 있다. 피 실험자 그룹을 둘로 나누어 눈을 감게 하고 한 그룹에게 몇 초 동안 눈을 감았는지 기록하게 하고 또 한 그룹에게는 자신의 생각을 말로 전하게 하였다. 첫 번째 그룹에는 편차가 기복이 심하게 나타나고 두 번째 그룹은 서로 간에 비슷하게 나온 것이다. 이것은 앞 사람의 의견이 일종의 닻이 되어 내가 결정하는 사상의 경로 판단의 경로들이 영향을 받게 되는 것이다.

내가 성공하는 경로의 소리를 계속 들으면 성공으로 나아가는 것이고 실패의 소리를 계속 들으면 실패의 자리로 나아가게 되는 것이다. 나도 모르는 사이에 그곳에 내 닻을 내리기 때문에 그렇다.

그럼 닻을 거두려면 어떡해야 하나. 긍정의 소리를 듣고 배움을 가지는 것이 좋다. 얼마 전 한 달간 저자의 교단 신학교에서 예배를 인도했다. 그 예배를 참여하며 그전에 내렸던 닻을 올리고 새로운 곳에 닻을 내리는 신학생들을 보았다. 배움을 통해서 예배를 통해서 나보다 앞선 자들의 긍정적인 소리를 통해서 나의 닻을 올리고 새로운 세계로 항해하게 되는 것이다.

우리 모두 우리의 닻을 올리고 신앙의 세계로 항해해 보자.

"무리가 이르되 갈릴리 나사렛에서 나온 선지자 예수라 하니라"(마 21:11)

070

눈으로 보는 말씀

저자의 교회에 김종철 영화감독을 초청해서 '제 3성전' 시사회를 했다. 이어서 후속 작품 '증언' 홍보영상을 보았다. '증언'은 최근에 이스라엘과 팔레스타인에 예수를 직접 만난 후 급작스럽게 개종하는 사람들을 모아 다큐멘터리를 찍은 것이었다. 정통 랍비가 갑자기 예수를 만나고 기독교인으로 변화되는 것이다. 마치 2000년 전 사도 바울이 갑자기 예수를 만나고 그가 회심했던 것 같은 사건이 최근 몇 년 새 부쩍 늘었다는 것이다. 동시 다발적으로 여러 사람에게 그런 현상이 일어나는 것에 흥미를 가지고 보았다.

저자의 사견으로는 신앙을 갖는다는 것은 그런 환상이나 환영, 음성 같은 것을 직접적으로 듣지는 못해도 적어도 말씀이 성육화(incarnation)되는 현상은 가져야 된다고 본다. 마치 욥이 "주께 대하여 귀로 듣기만 하였사오나 이제는 눈으로 주를 뵈옵나이다"(욥 42:5)라고 고백한 것처럼 사도요한이 "태초부터 있는 생명의 말씀에 관하여는 우리가 들은 바요 눈으로 본 바요 자세히 보고 우리의 손으로 만진 바라"(요1서 1:1)라고 고백한 것처럼 하나님의 말씀을 들을 뿐만 아니라 우리의 삶속에서 눈으로 보고 손으로 만져져야 되는 것이다. 이것이 바로 살아 있는 믿음 생활이다.

이것을 저자의 스승인 오강남 박사는 '표층종교'에서 '심층종교'로의 전이라고 한다. 요한복음에 보면 "말씀이 육신이 되어 우리가운데 거하시매"(요 1:14) 라는 구절에서 예수님이 바로 말씀이셨고 그 말씀이 육을 입었다고 말하고 있다. 이것이 우리의 삶속에서도 문자적 말씀(로고스)에서 큰 깨달음을 주는 말씀(레마)으로 전이되어 내 삶속에서 말씀이 눈으로 보여 지고 손으로 만져지고 거기서 신앙이 확증이 되는 것이다. 그래서 20세기 미국 최고의 심리학자인 윌리엄 제임스(William James)는 "신앙은 살려는 의지요 자유의 갈구이며 직접적인 체험이어야 한다"고 하였다. 이 체험이 사도바울을 변화시켰고 썬다 싱을 변화시켰고 루터와 웨슬레를 그리고 수많은 성자와 성도를 변화시킨 것이다.

아직도 주일마다 강단에서 들려오는 목사님들의 소리가 나와 상관없는 소리로만 들린다면 나의 믿음은 아직도 표층에 머물러 있는 것이며 거기에는 어떤 생명력도 없는 것이다. 아브라함의 하나님, 이삭의 하나님이 야곱의 하나님이 된 것처럼 이제 그 하나님이 나의 하나님이 되어야 하고, 또 여러분의 하나님이 되어야 되는 것이다.

PART 8.

Psychology in the Bible

071

회귀본능

사람이든 동물이든 나이가 들면 고향으로 돌아가고 싶어 하는 본성이 있다. 이를 '회귀본능(homing instinct)'이라 하는데 나는 이민목회 9년 동안 자신들이 태어난 고향이 그리워서 은퇴 후 고국 행을 꿈꾸는 많은 이민자분들을 만났었다. 이런 회귀본능은 동물들도 마찬가지다. 코끼리, 꿀벌, 비둘기, 연어 등도 수명을 다하면 다시 고향으로 돌아간다고 알려져 있다. 돌아갈 곳이 있다는 것은 우리에게 평안과 안식을 준다. 실향민들이 명절 때마다 쓸쓸함을 느끼는 것은 그들이 돌아갈 고향이 없어졌기 때문일 것이다. 추수감사절을 맞아 연말을 맞아 미국에 국민 대 이동이 있었다. 저자가 동부 농촌지역에서 목회를 할 때 매해 추수 감사절이면 자녀들이 도시에서부터 몰려와 인산이해를 이루곤 했다.

'회귀본능'이란 모처로 돌아가고자 하는 내면의 근원적 심리를 뜻하는데 우리 인생에서 뿐만 아니라 사람들의 내면의 세계에서도 돌아가고자 하는 욕구가 있다. 우리가 사람의 죽음을 '돌아간다'고 표현하는 것이나 영어에서 어디론가 '가버렸다(gone)'고 표현하는 것은 처음 왔던 곳으로 다시 돌아간다는 사람들의 의식의 잠재된 표현인 것이다. 영어의 무덤(tomb)이 여성의 자궁(womb)을 상징하는 것처럼 한국의 무덤도 여성의 임신한 배를 연상시킨다.

나바호 인디언 족이 사람이 죽을 때 자궁 속 아이처럼 주검을 웅크린 채 해가 뜨는 곳을 향하여 묻는다거나 이집트의 피라미드 중국의 진시황릉 병마용 들을 통해 우리는 세계 어느 민족 할 것 없이 사람들의 내면에는 '돌아감'을 의식하고 있다는 것을 알 수 있다. 이것을 칼 융은 '원형'이라고 이야기 하고 프로이드는 '죽음의 본능'이라 하여 모든 유기체가 그가 생성되어 나온 무생물의 상태로 돌아가려는 충동이 있다고 하여 본연의 고향을 설명하였다.

저자의 스승인 오강남 박사도 불교 역시 이생의 끝을 끝으로 보지 않고 '영원한 현재'와 '무시간성'을 이야기한다고 했다. 모든 인류는 과거나 현재나 삶을 나그네로 지나가는 것으로 이해하고 있다. 본래 인간은 우리의 원천적 영적인 고향을 기대하고 있다. 이제 고향으로 돌아가는 계절을 맞이하면서 인생도 돌아가는 때가 올 것을 상기해 본다. 그렇기 때문에 아무렇게나 살 수도 또 이 땅의 만족만을 위해서 살수도 없는 것이다.

"우리가 바라는 것이 다만 이생뿐이면 모든 사람 가운데 우리가 더욱 불쌍한 자리라"(고전 15:19)

072

체험과 신앙

토머스 머튼(Thomas Merton)은 "종교는 설명이 아니라 체험이다"라고 하였다. 저자는 멕시코 '테카테' 지역에 일곱 분의 선교팀과 선교답사를 다녀왔다. 그곳 선교사인 이사라 선교사는 23년 동안 교회를 50개나 세웠다고 한다. 그러면서 그동안 있었던 하나님의 역사와 기적들을 함께 나누었다. 선교지에서 이런 기적이 없었다면 선교가 불가능했다고 한다.

우리 선교팀은 큰 은혜를 나누고 다음 날 국경을 넘었다. 미국으로 돌아오자마자 차가 갑자기 고장이 생겨서 움직일 수 없게 되고 우리들은 "하나님 천사를 보내주세요"라는 기도를 했다. 기도 후 멈춰서 버린 우리 차 옆에 12인승 미니버스가 빈 차로 주차하는 것이었다. 그러고 나서 우리를 태워주었다. 참으로 기가 막힌 일이었다. 고아들의 어머니라고 불리는 하이디 베이커(Heidi Baker)가 아프리카의 고아 1,000명을 먹이라는 환상을 보게 된다. 이들이 너무 많아서 다 먹일 수 없다고 고백하자 그 때 예수님이 그의 몸과 피를 떼어 그들에게 나눠 주라 하니 그들이 다 먹고 남았다고 한다.

이 환상을 보고 하이디 베이커는 아프리카에 가서 수많은 고아들을 먹이고 매일 기적의 삶을 살고 있다. 네 명이 먹을 수 있는 칠리빈 깡통을 가지고 600명의 고아들에게 나눠주는 역사가 일어났다고 한다. 그리고 현재도 계속해서 그런 역사가 일어난다고 한다. 그곳에서 죽은 사람들이 살아나고 눈먼 사람들이 눈을 뜨는 역사를 보고하고 있다.

애즈베리 신학교의 신약학 교수 크렉 키너(Craig S. Keener)는 '하이디 베이커'의 사역에서 거의 매일 치유의 역사가 일어난다고 보고하며 '기적'에 대한 소논문에 다음의 자료를 공개했다. 2006년도 퓨 포럼(Pew Forum)에 의하면 10개국의 오순절 계통의 교회에서 2억 명 이상이 신적인 치유를 경험하거나 목격했다고 증언하고 있다. 중국 삼자교회의 통계에 의하면 최근 수십 년간 수백만 명의 회심자 중 절반이 치유의 역사를 경험했다고 하며 지하교회의 경우 90%이상이 치유의 체험을 보고하고 있다는 것이다. 본인자신도 여러 기적을 체험한 크렉은 이런 기적이 심리적 작용에 의한 것으로 치부되어서는 안 된다고 이야기 한다.

죽은 자들의 회생과 더불어 전 세계적인 기적의 보고서를 인용하며 이것은 하나님에 대한 깊은 사랑과 그와의 깊은 관계에서 일어난다고 이야기한다. 판넨버그(Pannenberg)가 부활 체험이 신앙을 만들어 냈다고 하는 것처럼 체험이 신앙을 잉태하며 견고하게 한다.

"태초부터 있는 생명의 말씀에 관하여는 우리가 들은 바요 눈으로 본 바요 자세히 보고 우리의 손으로 만진 바라"(요1서 1:1)

073

꿈을 따라 움직이는 교회

몇 해 전 교회 표어를 기도하다가 받았다. '꿈을 따라 움직이는 교회'로 어제도 오늘도 내일도 나의 꿈은 하나님이 통치하는 세상이다. 이후에 기도하다가 "내 양을 먹이라"라는 말씀을 받아 '전 세계를 먹여 살리는 교회'라는 표어를 세웠다. 그리고 온 성도들이 힘을 다해 올 한해 직간접적으로 선교한 곳이 25여 개국을 넘게 선교를 하게 되었다. 저자가 직접 다닌 곳만 해도 8개국을 다니며 선교를 했다.

올해는 '꿈을 따라 움직이는 교회'라는 표어를 세웠다. 하나님이 나에게 주신 '꿈'은 모든 교인이 꿈을 향해 함께 나아가는 것이다. 그 꿈은 하나님이 통치하는 세상이며 좀 더 구체적으로 전 세계 하나님의 양을 먹여 살리는 교회, 복음으로 미주 대륙을 횡단하는 교회, 신학생과 개척교회를 돕는 교회 평신도 사역자를 양성하는 교회, 신유와 말씀 참 믿음 운동을 일으키는 교회, 이것이 하나님이 나에게 주신 꿈이다. 이 꿈이 우리 교회 성도들이 보는 가운데 점진적으로 이루어져 가고 온전히 성취되어 가고 있다. 이 꿈을 이루기 위해 나와 믿음의 동역자들이 함께 움직이는 것이 올해의 미션이다.

많은 교회들이 기업들이 연초가 되면 미션을 세운다. 월트 디즈니사는 "가족들에게 매혹적인 세계를 창조한다"는 미션을 가지고 애니메이션 캐릭터를 제작하고 테마파크를 만들어 전 세계 어린이들에게 꿈을 선사했다. 애플의 미션은 "사람들이 기술을 즐기는 방식을 혁신한다"는 미션을 세워 혁신의 대명사로 불리 우며 어린아이부터 노년에 이르기까지 전자 기술에 미학적 요소를 즐기게 만들었다. 사도바울이 '푯대'를 향하여 달려간 것처럼 개인이든 공동체든 푯대를 향해 달려가게 되어 있기 때문에 어떤 푯대를 어떻게 세우느냐가 너무 중요하다. 그 푯대가 개인이나 특정 공동체의 이기적인 이익이 아니라 모든 사람의 이익을 대변할 때 그 미션의 가치가 여러 사람의 동참을 이끌고 열매를 맺게 된다.

빅터 프랭클(Viktor Emil Frankl)은 "성공은 우리 자신보다 더 큰 대의에 헌신할 때 자신이 아닌 다른 사람을 위해 희생할 때 뜻밖의 부산물로 따라온다"고 하였다. 이제 독자 여러분의 개인이나 공동체의 미션을 만들어 보자. 나 개인이나 공동체만의 이익이 아닌 하나님이 통치하는 나라를 세우기 위한 미션과 표어를 만들어 보자. 그 푯대가 나를 그곳으로 견인할 것이다.

"푯대를 향하여 그리스도 예수 안에서 하나님이 위에서 부르신 부름의 상을 위하여 달려가노라"(빌 3:14)

074

신념과 십자가

에리히 프롬(Erich Pinchas Fromm) 은 '신념'은 나르시시즘으로 부터의 탈피라고 하였다. 곧 '신념'은 자기 자신을 버림으로써 시작된다는 것이다. 주기철 목사도 마틴 루터 킹 목사도 자기 자신을 버리는 신념으로 예수의 뒤를 따라갔다. 예수를 세 번이나 부인했던 베드로가 자기 자신을 버리고 예수의 뒤를 따라 순교하고 예수의 동생 야고보는 예루살렘 교회 성전 꼭대기에서 로마 군인들에 의해 낙상하여 순교 했다. 도마는 인도에 가서 복음을 증거 하다가 몸이 잘리는 순교를 하게 되고 토마스 선교사는 조선이라는 땅에 도착하자마자 참수형으로 순교하게 되어졌다.

이 모든 것이 자기 자신에 대한 사랑을 버리고 보다 큰 이념과 가치에 자신을 드림으로서 수많은 열매를 맺게 된 사건들을 말하고 있다. 성경은 내 자신을 포기하고 죽으면 많은 열매를 맺는다고 이야기한다(요 12:24). 아프리카의 성자 슈바이쳐(Albert Schweitzer) 박사는 열 살 때 활을 쏴 새를 잡다가 교회에서 들리는 종소리에 감동을 받고 주님의 음성을 듣게 된다. 십계명 중 제 육계명인 "살인하지 말라"라는 음성을 들었고 "흑인을 구하라 아프리카는 구라파 문전에 있는 나사로다"는 감동을 따라 일생을 '흑인'을 위해서 헌신하게 된다. 즉 '신념'은 자기 자신으로 하여금 자기애를 포기하고 십자가를 지는 위대한 이타애(利他愛)를 갖게 한다.

마가복음에 보면 알렉산더와 구포의 아버지 구레네 사람 시몬이 나온다(막 15:21). '구레네'는 지금의 아프리카 리비아 지역으로 이 지역에서 시몬이라는 사람이 유월절을 맞아 예루살렘 성전에 예배를 드리러 올라왔다. 그런데 마침 십자가를 지고 가는 예수님을 보게 된 것이다. 그것을 구경하던 중에 억지로 십자가를 지게 된다. 그러나 그가 십자가를 짊어짐으로 그의 삶을 완전히 바꾸게 되었고 나중에 그 자신이 '신념'을 갖게 되는 큰 계기가 되었다. 그의 후대의 삶을 보면 그와 그의 가족은 초대교회의 지도자가 되었음을 알 수가 있다.

로마서에 보면 사도바울은 시몬의 부인이 자기의 어머니라고 표현한다(롬 16:13). 억지로 짊어지는 십자가지만 자기애를 버리고 십자가를 짊어지었을 때 그 가문이 믿음의 가문이 되었던 것이다. 그 자녀는 초대교회의 지도자가 되고 그 부인은 당대 최고의 복음전도자였던 사도바울의 영적인 어머니가 되었다.

신념이 십자가를 짊어지게도 하고 십자가가 신념을 갖게도 한다. 신념과 십자가 모두 인류에 많은 열매를 선사한다.

"누구든지 나를 따라오려거든 자기를 부인하고 자기 십자가를 지고 나를 따를것이니라"(마 16:24)

075

칭찬과 초두효과

심리학에 '초두효과(Primacy Effect)'라는 것이 있다. 초기 정보가 후기 정보보다 중요하다는 것이다. A 라는 여자와 B 라는 여자에 대한 정보를 똑같이 주어도 그 순서에 따라서 그 사람에 대한 이미지와 인상이 다르다는 것이다.

"A는 예쁘다, 센스 있다, 깔끔하다, 고집이 세다, 결벽증이 있다. B는 결벽증이 있다, 고집이 세다, 센스 있다, 예쁘다" 이상과 같은 정보가 주어지면 사람들은 동일한 정보를 받았지만 A의 여자에게 호감을 가지고 긍정적으로 생각한다는 것이다. 무슨 정보를 제일 먼저 듣느냐가 중요한 것이다. 마찬가지로 사람이 사람을 평가하거나 이야기할 때 부정적인 것을 먼저 말하고 긍정적인 것을 나중에 말하는 사람이 있다. 이는 사람의 문이 닫힌 상태에서 듣기 때문에 어떤 말을 들어도 좋은 이야기가 귀에 잘 들어오지 않게 되는 것이다.

그러나 처음에 좋은 이야기를 해주면 마음의 문이 열리게 되어 있기 때문에 나중에 좋지 못한 이야기를 해도 수용할 수 있는 마음의 여유를 가지게 된다. 성경에 보면 항상 칭찬을 먼저 하는 것을 볼 수가 있다. 요한 계시록에 나온 일곱 교회에 예수님은 항상 칭찬할 것을 먼저 이야기하고 다음에 책망을 이야기하는 것을 볼 수가 있다. 사도바울도 그의 편지에 보면 사람을 거명할 때 항상 수식어를 붙여서 거명하는데 그 수식어가 그 사람을 칭찬하는 말로 한명 한명을 지칭한다. 로마서 16장에 보면 그리스도의 신실한 일군 처음 맺은 열매 수고 많이 한자 등으로 이름 앞에 칭찬으로 시작함을 볼 수가 있다. 사도바울 서신 13권 모두 사람들 앞에 칭찬을 먼저 언급하고 이야기한다. 예수님도 생전에 각 사람을 지칭할 때 한 사람 한 사람의 특징을 살려 그 사람에 대해서 극대화하여 칭찬하는 것을 볼 수가 있다.

"이스라엘 중에 이만한 믿음을 보지 못하였다"(마 8:10) "네 믿음이 크도다"(마 15:28) "네 속에 간사한 것이 없도다"(요 1:47) 등으로 격려해 주고 칭찬해 주었다. 미국 유명한 상담학자 도널드 미켄바움(Donald Meichenbaum)은 상담은 약물 치료도 아니고 전기 치료도 아니고 '어의치료'라고 말했다. 말로서 상처를 받고 말로서 회복을 한다는 것이다. 일본의 심리학자 나이토 요시히토는 "칭찬의 말 한마디가 상대방의 마음을 사로잡는다"고 했다.

한해를 시작하면서 서로간의 칭찬으로 사람을 얻는 한해가 되길 바란다.

"선한 말은 사람을 즐겁게 하느니라"(잠 12:25)

076

애착형성과 접촉

해리할로(Harry Harlow)의 실험 중 '가짜 원숭이 실험'이 있다. 이는 유아기 원숭이들이 우유를 든 금속 재질의 가짜 어미보다 천으로 만든 어미에게 더 가까이 간다는 것이다. 원숭이들이 위험에 처하면 바로 천으로 만든 가짜 어미에게 안기는 것이다. 이것을 통해서 스킨십과 애착형성 그리고 근접성(proximity)이 얼마나 중요한지 이론화되었다.

즉 '애착'이란 인간의 기본 욕구인 먹을 것에 대한 공급과 보상에 의한 것이 아니라는 것을 알려준 것이다. 그럼으로 인간이 우유만으로는 살 수가 없고 서로간의 피부접촉으로 사랑을 느끼고 키워나가는 것이다. 어린 시절 부모의 사랑을 많이 받지 못하고 피부접촉이 부족한 아이의 경우 영양을 충분히 공급받아도 아이의 뇌성장이 저조함이 밝혀졌다. 반면 미숙아로 태어나 인큐베이터 안에 들어간 아이가 이후 손을 넣고 마사지를 해주자 그렇지 못한 아이보다 몸무게가 더 많이 나가고 저항력도 더 강해진다는 의학 보고서가 있다. 즉 접촉은 애착 형성 뿐 아니라 치유효과도 있는 것이다. 피부접촉이 부족한 경우 자기 스스로 팔짱을 껴서 자기가 자기를 안는 경우가 있다. 이는 사랑에 대한 결핍의 행동으로 불안감의 한 형태로 볼 수 있다.

성경에서도 접촉을 통해 예수님과 애착을 형성한 사람이 있다. 한 사람은 사도요한이고 다른 사람은 베다니 마리아이다. 사도요한은 예수님의 가슴에 기대어 식사를 하고(요 13:25) 베다니 마리아는 주님의 발에 입을 맞추고 머리털로 그의 발을 닦았다(눅 7:38). 예수님과 밀접한 관계를 가지고 있던 사도요한은 예수님이 십자가에 달려 돌아가실 때 다른 제자와 달리 끝까지 그 자리를 지키며 죽음의 순간에까지 동참하게 된다. 그때 예수님은 그에게 그의 어머니를 부탁을 한다.

또 발에 입을 맞춘 마리아가 예수님께 기억이 되고(눅 7:44) 부활하실 때 베다니에서 승천하신 것은 눈 여겨 볼 사건이다(눅 24:50). 예수님 자신도 맹인을 위해 손수 손으로 진흙을 이겨서 눈에 발라 치료하시고(요 9:6), 베드로의 장모의 집에 찾아가 그녀의 손을 만질 때 열병이 떠나가고(마 8:15), 두 맹인을 손으로 만져서 치유하시고(마9:29), 가는 곳마다 병자들의 환부에 손을 얹고 안수 기도를 하여 주심으로 치유하셨다(막 6:5).

사랑과 치유는 본능적 욕구의 충족에 있는 것이 아니라 관심과 접촉에서 시작된다.

"예수께서 그 능력이 자기에게서 나간 줄을 곧 스스로 아시고 무리 가운데서 돌이켜 말씀하시되 누가 내 옷에 손을 대었느냐 하시니"(막 5:30)

077

중독과 회복

중독은 니코틴, 알코올, 인터넷, 쇼핑, 도박, 성형 등 다양한 종류가 있다. 이 중독을 생리적 관점에서 보면 신경전달 물질인 도파민 시스템에 문제가 생겨 발생하는 증상으로 볼 수가 있다. 하버드대 심리학과 교수 사빈 빌헬름(Sabine Wilhelm)은 '신체 기형 장애(BDD: Body Dysmorphic Disorder)'를 설명하면서 자신이 상상하는 외모와 비교해 자신의 외모에 집착하는 경우를 이야기했다. 이런 경우 심각한 경우 '성형 중독'에 빠질 수 있게 된다는 것이다.

예전에 세계적인 여배우 '맥라이언'이 성형중독으로 얼굴에 심각한 노화로 이슈화되었던 적이 있다. 한국에서도 '선풍기 아줌마'라고 자신의 외모에 집착한 나머지 '성형중독증'에 걸린 사람을 TV에서 방영한 적이 있다. 이 역시 생리학적으로는 뇌의 신경전달 물질에 '예뻐졌다'라는 말을 들을 때 느끼는 전율 거울을 통해 확인하고 싶은 충동을 못이기는 것인데 이것이 바로 중독이다. 이런 현상을 'BDD 강박장애 OCD(Obsessive Compulsive Spectrum Disorder)'이라 한다.

서울의과대학 정신과 권준수 교수에 의하면 전 세계적으로 2-3%가 강박증을 가지고 있다고 한다. 즉 전두엽의 이상을 통해 행동이나 생각에 있어 반복적이고 과하게 표출하는 것이다. 내가 이상한 병에 걸린 것이 아닐까. 내가 지금 외모가 부족한 것이 아닐까. 이런 쓸데없는 생각에 집중하게 되는 것이다. 의학용어 또는 심리학 용어로 '플라시보 효과'라는 것이 있다. 가짜 약을 먹고 치유가 되는 것이다.

뉴저지 주 러커스 대학교의 사회학자 엘렌 아이들러(Ellen L. Idler) 교수가 "스스로 건강하다고 믿는 사람이 오래산다"고 보고한 것처럼 '내가 예쁘다' '내가 건강하다'라는 긍정적이고 건강한 생각과 이미지가 나를 강박증 성형 중독 다양한 중독으로부터 온전히 치유하게 되는 것이다.

'우유 노시보' 효과라고 정상적인 우유를 마시게 한 다음 우유가 이상하다고 하면 사람들의 몸에 이상한 반응이 나타나는 것이 있다. 때로는 그 소리만으로 몸에 두드러기가 나타나기도 한다. 결국 중독은 다양한 원인으로 유발할 수 있지만 이 중독의 치유는 내 마음을 조절하여 치료 할 수 있는 것이다.

성경말씀에 "마음을 지키는 것이 성을 정복하는 것보다 낫다"고 말씀한 것처럼 중독에서의 해방은 신앙적인 믿음으로 마음을 다스림이 중독의 근원 치료에 가장 효율적이고 원천적인 치료다.

"개가 그 토한 것을 도로 먹는 것 같이 미련한 자는 그 미련한 것을 거듭 행하느니라"(잠 26:11)

078

메타 노이아

예수께서 이 땅에 오셔서 공생애 일언이 '회개하라(메타노이아)'였다. '메타노이아'는 '메타'와 '노이아'의 합성어로 '의식의 전환'을 말한다. 이는 도마복음에 나오는 '깨우치라'라는 반복적인 말과 일맥상통한다고 볼 수가 있다. '깨우침'이라는 것은 '깨다'라는 것으로 '앎'이 아니라 기존의 고정된 사고와 관습을 깨버리는 것을 의미한다. 이것이 새로운 안목과 새로운 삶을 가지게 하는데 이것을 '특수 인식 능력의 활성화'라고 한다. 이것은 '관습적인 기독교주의(conventional christianism)'를 벗어나 옛 사람이 죽고 새사람으로 거듭나게 한다. 이것이 요한복음의 지속적인 메시지다.

요한복음에는 예수의 기적과 자기표현이 모두 일곱 가지씩 나온다. 이는 의도적으로 그 숫자를 맞춘 느낌을 피할 수가 없다. 또 요한복음에는 예수의 기적을 기적이라 하지 않고 '표적(sign)'이라고 말하고 있다. 이는 기적이 기적을 말하는 것이 아니라 그 기적을 통해서 지시하는 바를 바라보라는 것으로 이해할 수 있다. 요한복음에 나타나는 예수의 첫 번째 표적이 물이 변하여 포도주가 되는 사건이다.

본질의 변화를 이야기하고 있고 마지막 변화인 죽은 나사로가 살아나는 사건을 통해 죽은 내가 다시 살아날 수 있음을 이야기한다. 즉 '참 나'가 다시 살아나는 이야기를 하고 있다. 이것이 예수가 말한 '회개(의식의 전환)'이며 오늘 내가 바로 '천국'을 경험할 수 있다는 것을 알려주는 '특수 인식 능력의 활성화'를 이루어내는 것이다.

오늘 내가 '천국'을 경험하지 못하면서 사후의 '천국'을 바란다는 것은 모순이 있다. 예수님은 천국이 여기 있다 저기 있다 못하리니 너희 안에 있다고 하셨기 때문이다(눅 17:21). 이런 '메타노이아'의 현상이 일어나자 사도바울의 경우 "나는 죽고 내 안의 그리스도께서 살아 있다"고 하였다(갈 2:20). 이 의식의 전환이 멀리 있는 하나님을 내 안에 계신 하나님으로 인지하게 되고 하나님을 사랑하는 것이 결국 사람을 사랑하는 것이라는 것을 깨닫게 한다(요일 4:20). 즉 사람에게 감사하는 것이 하나님께 감사하는 것이요 사람을 사랑하는 것이 하나님을 사랑하는 것이라는 것이다.

아놀드 토인비(Arnold Joseph Toynbee)는 "이기적인 사회는 없어진다"라고 하였다. 회개는 이기심이 사라지고 신성의 내재를 경험하는 의식의 전환으로 무슨 일이든 다 주께 하듯 하게 되는 것이다(골 3:23).

"회개하라 천국이 가까이 왔느니라 하였으니"(마 3:2)

079

말씀의 치료효과

요즘 심리학은 대략 네 가지로 나뉜다. 크게 행동심리학, 심층 심리학, 인문 심리학, 초개인 심리학(transpersonal psychology)으로 나눠진다. 이제까지 기존의 정통 심리학에서는 행동심리학과 심층 심리학에 대한 관심으로 정상 밑에 있는 사람을 정상으로 올려놓는 심리학에 초점을 맞추었다. 대표적으로 프로이드 이후 대부분의 서구 심리학자를 들 수가 있다. 그러나 최근에는 인문 심리학과 초개인 심리학의 대두로 정상 사람을 초 정상으로 올려놓는 것에 관심하고 있다. 이것을 매슬로우, 켄 윌버와 에리히 프롬등이 이야기하고 있다. 특별히 켄 윌버(Kenneth Earl Wilber)에 의하면 동양 종교를 종교가 아닌 '초개인 심리학'으로 보고 있다. 즉 서구 심리학이 정상 이하의 사람을 정상적인 사람으로 만드는 연구와 노력에 관심했다면 동양 종교와 철학은 초개인 심리학(동양심리학)으로 우리 마음을 잘 다스려 성인의 삶으로 인도한다고 본 것이다. 그러나 저자는 '성경'이야 말로 위 네 가지를 다 포괄적으로 안고 있다고 생각한다. 우선 정상 밑에 있는 사람들, 정신 분열증, 우울증 등을 포괄하여 치유하고 더 나아가 정상적인 사람을 더 초 정상적으로 올려놓는 일을 한다고 본다. 사도바울 같이 평범한 삶을 살아가는 사람이 갑자기 보다 더 의미 있는 일을 찾아 떠나가고 세상의 일락을 즐기던 자가 내 이웃을 위해 살아가게 되는 것이다. 그래서 심리학이라는 것이 근대 서구 사회에서 프로이드를 통해서 나타나게 되었지만 사실 인간의 마음을 다스린다는 측면에서 동양에서는 이미 수천 년 전부터 다루었던 것이고 성경 역시 잠언 서에 "네 마음을 다스리라"는 말씀부터 예수님의 "천국이 네 마음에 있다"는 가르침이 우리의 마음을 다스려 우리를 다시 태어나게 하고 성화의 과정으로 인도하는 것이라 할 수 있겠다. 앞서 언급했듯이 성경은 인간의 본연의 마음의 다스림뿐만 아니라 수치심 가득한 자에게 용기를 주고 귀신들린 여자를 치유하여 정신적 상처 입은 자까지도 치유한 다는 측면에서 근대 서구 심리학의 인간 내면연구와 치료라는 측면까지도 이미 포함하고 있다. 따라서 성경이 심리학에 물든 것이 아니고 성경에 나타난 수많은 기도와 회개를 통한 마음수련과 성령의 체험 영적인 깨달음 그리고 말씀에 의한 치료들이 현대의 학문과 과학의 구체화된 언어로 하나씩 증명되고 있다는 표현이 더욱 옳은 표현이라고 할 수 있다.

"그가 그의 말씀을 보내어 그들을 고치시고 위험한 지경에서 건지시는도다"(시 107:20)

080

존재하지 않는 실패

나로호가 2번의 실패 끝에 드디어 발사를 성공시켰다. 포기하지 않고 계속 도전한 모든 관계자들에 찬사를 보낸다. 아인슈타인은 한 번도 실수를 해보지 않은 사람은 한 번도 새로운 것을 시도한 적이 없는 사람이라고 하였다. 에디슨은 실패한 사람의 다수는 성공을 목전에 두고도 모른 채 포기한 자들이라고 하였다. 한 신문 기자가 에디슨에게 전구를 발견하기까지 700여 회의 실패한 것에 대해 기분이 어떠냐고 묻자 그는 단 한 번도 실패한 적이 없으며, 700여 가지의 방법이 효과가 없음을 발견한 것이라고 하였다. 그리고 그는 수천 번의 효과가 없는 방법을 발견하고 전구를 발명한 것이다. 그래서 그는 '실패는 성공의 어머니'라고 하였다. 성경에 보면 예수님의 제자들도 귀신을 쫓는데 처음에는 실패를 한다. 예수님은 그들에게 "기도 외에는 이런 유가 나갈 수 없느니라"라고 하며 그들이 더 기도하고 다시 시도하기를 권고한다.

알프레드 아들러(Alfred Adler)가 자신의 부족함이 자신을 개발하는 원동력이 된다고 한 것처럼 실패를 잘 극복하면 오히려 나를 더욱 발전시키는 원동력이 되는 것이다. 스티븐 스필버그(Steven Allan Spielberg)는 절대로 도중에 포기하지 말며, 부정적인 말이나 생각이 자기 자신의 위대한 잠재력을 죽여서는 안 된다고 하였다. 물리학자 보어(Bohr) 역시 전문가란 아주 작은 영역에서 할 수 있는 모든 실수를 한 사람이라고 표현했고 계속 실패를 해서 성공을 배워가는 것이 바로 전문가라고 하였다. 실패는 무언가를 했다는 뜻이고, 또 성공에 가까이 왔다는 뜻이 된다.

존 맥스웰((John C. Maxwell)은 성공하는 사람들과 실패하는 사람들의 차이점을 실패에 대한 인식과 반응으로 보았다. 영화 제작가로 유명한 데이비드 브라운(David Brown) 역시 아메리카 영화사에서 일을 시작하였지만, 3군데 직장에서 해고를 당한 후 직접 영화 제작가가 되어 '죠스'라는 영화로 크게 성공하게 된다. 실패가 오히려 복이 된 것이다.

심리학자 조이스 브라더스(Joyce Diane Bauer)가 성공에 관심하는 사람은 실패를 필수적인 부분으로 보아야 한다고 하였다. 성경에 "찾으라 구하라 두드리라"는 말이 바로 실패해도 포기하지 않으면 "구하고 찾고 열리게 된다"는 뜻이며 심지어 사도바울은 선을 행함에 있어서도 포기하지 않으면 열매를 거둔다고 이야기하고 있다(갈 6:9). 선한 일도 실패를 통해 열매를 거두게 된다는 것이다. 그렇기 때문에 선교, 행사, 설교 모든 것이 실패할 수 있으며 그런 모든 실패를 반면교사 삼아 진보를 나타나게 되는 것이다.

"그들의 넘어짐이 세상의 풍성함이 되며 그들의 실패가 이방인의 풍성함이 되거든 하물며 그들의 충만함이리요"(롬 11:12)

성경에서
심리학을
읽다

성경 속에 숨어있는 심리학을 통해 하나님을 바라보는 시간

PART 9.

Psychology in the Bible

081

유토피아의 꿈

유토피아는 헬라어 원어로는 'no place'이다. 즉 '이상의 나라'로 표현하기는 하지만 문자적으로는 그런 곳이 존재하지 않는다는 뜻으로 이해할 수 있다. 그럼에도 그런 곳이 존재하지 않기에 꿈꾸지 않는 것이 아니라, 오히려 더 동경하고 꿈꾸며 그곳을 향해 나아가는 것 그것이 유토피아적 인생과 조직 그리고 공동체라고 할 수 있다. 독일의 철학자 에른스트 블로흐(Ernst Bloch)는 "희망은 Day Dream을 꿈꾸면서 시작한다"고 하였다. 그리고 "역사는 새로운 꿈을 꾸는 자가 만든다"고 하였다. 이것이 바로 '유토피아'인 것이다. 유토피아는 문자적으로는 존재하지 않는 나라지만 그 나라를 꿈꾸는 자들에 의해서 역사가 발전해 왔다는 것이다. 독일의 신비주의 사상가인 마이스터 에크하르트(Meister Eckhart)도 "현실만 보면 희망을 말할 수 없다"고 하였다. 현실을 넘어 이상의 세계를 꿈꾸는 것 그 나라를 추구하는 것이 바로 유토피아다. 독일의 사회학자 칼 만하임(Karl Mannheim)은 "새로운 종교는 언제나 유토피아적이다"라고 하였다. 그것은 지금 있지 않은 것을 꿈꾸기 때문에 그렇다.

한국의 기독교도 처음에는 굉장히 유토피아적이었다. 그렇기에 어눌한 언어를 구사하는 외국 선교사의 복음에도 수많은 사람이 거기에 끌리게 되었던 것이다. 특별히 여성 사회 약자들이 예수를 믿으면 평등하게 천국 간다는 메시지가 남자만 가는 게 아니라 여자도 가고 상놈도 평등하게 천국에 간다. 그 평등사상 거기에 유토피아가 있었다. 거기에는 소외된 사람들에게 유토피아를 꿈꾸게 해준 것이다.

예수님의 메시지가 가난한 자에게, 소외된 자에게 유토피아적으로 들렸을 것이다. 이상의 나라, 그곳이 바로 천국의 나라였을 것이다. 그것을 삶의 현실에서 구현 하고자 제자들 중에는 정치적인 언어로 오해도 했었던 것 같다. 지금의 교회와 기독교가 과연 어떤 유토피아적 메시지와 비전을 주고 있는지 한번 생각해 봐야 할 것이다.

저자는 매니저와 리더를 이렇게 구분한다. 'Manager'는 '현상을 유지하고 관리'하고 'Leader'는 '새로운 세계의 비전을 제시하며 역사를 만들어 가는 자'라고 본다. 우리는 현실에 안주하며 살고 있는가? 유토피아를 꿈꾸는가? 그런 세계가 없다고 포기하지 말고 그 세계를 향해 나아가는 여러분이 되길 바란다.

"믿음은 바라는 것들의 실상이요 보지 못하는 것들의 증거니"(히 11:1)

082

만능의 교회

여러 기술이나 성능이 하나로 융합되거나 합쳐지는 것을 '컨버전스(convergence)'라고 말한다. 현시대를 '컨버전스 시대'라고 한다. 이는 비단 기계뿐만 아니라 조직 사람에게도 요구되고 있다. 스마트폰이 전화기 기능을 뛰어 넘어 복합적인 기능을 가지게 되고, 체육도 예전에 유행하던 복싱이나 태권도 등을 넘어 모든 것이 합쳐진 이종 격투기가 유행하고, 사람도 예전에는 하나를 요구하던 시대를 뛰어 넘어 이제 만능 엔터테인먼트를 요구하는 사회가 되었다. 교회도 이제 모든 욕구를 충족해 주는 백화점식 교회로 다양한 계층의 욕구를 채워주기를 요구받고 있다. 학문에서도 이런 현상이 일어나고 있는데 경영학을 인문학과 심리학, 사회학의 시각으로 본 대표적인 책 말콤 글래드웰(Malcolm Gladwell)의 '티핑 포인트'를 비롯한 요즘 나오는 전문 서적들이 간학문(間學問)적 요소를 가미하여 새롭게 조명받기 시작했다. 그래서 이제 경영학자들이 보지 못하는 시각에서 인문학의 관점에서, 심리학의 관점에서 경영학을 새롭게 보기 시작하게 된 것이다. 패러다임의 급격한 변화 후 거의 20년간 컴퓨터계의 독보적인 1위를 차지했던 델 컴퓨터가 컨버전스의 대표적인 기업 애플에게 그의 자리를 내주고 이제는 휴렛 패커드에도 뒤처지게 되었다. 개인이든 조직이든 몸집이 커지면 의사 결정 구조가 복잡해지고 또 변화를 점점 거부하고 고착된 여러 구습으로 인해 새로운 시대 정신과 방향을 읽기가 어려워져 뒤처지게 되는 것이다. 저자도 신학과 심리학, 신학과 경영학, 신학과 물리학 등의 통합으로 좀 더 성경을 폭 넓게 이해할 수 있다고 보고 이 운동을 펼치고 있다. 아인슈타인도 평생에 걸쳐 역사, 문학, 철학서를 탐독했듯이 이제 과학자와 경영인들이 인문서를 읽고 신학하는 자들도 이제 세상의 지식을 습득하여 세상과 '통'해야 한다고 본다. 성경에서 율법의 제사가 은혜의 예배로 개혁할 때까지만 유효하다는 말씀이 있다(히 9:10.) 예배도 개혁되었듯이 모든 것이 계속해서 개혁이 되는 것이다. 복잡하고 까다로운 절차들이 예수님의 '개혁'하심으로 단순해지고 쉬어짐으로 누구나 하나님 앞에 나아갈 수 있게 하였다. 이제 계속해서 '개혁'을 해야 한다. 아직도 과거의 것을 고집하고 주장한다면 우리의 가능성이 제한되고 뒤처지게 되는 것이다. 고정된 틀을 고집하지 말고 다양한 시각에서 신학을 바라보면 우리 삶의 이해가 더욱 풍요로워 질 것이다.

"너희는 이 세대를 본받지 말고 오직 마음을 새롭게 함으로 변화를 받아 하나님의 선하시고 기뻐하시고 온전하신 뜻이 무엇인지 분별하도록 하라"(롬 12:2)

083

얼굴의 심리학

폴 에크먼(Paul Ekman) 이라는 심리학자가 40여 년간 표정을 연구해 책을 출판했다. 얼굴의 표정을 연구하여 슬픔, 괴로움, 놀라움, 두려움 등이 어떻게 표현되는지를 밝힌 것이다. 얼굴은 드러난 뇌라고 말한 것처럼 얼굴을 통하여 사람의 모든 마음을 읽을 수 있다는 것이다. 성경에 한나라는 여인은 아이를 갖지 못해 얼굴이 수색이 가득했으나 기도함으로 수색이 사라졌다고 기록하고 있다. "가로되 당신의 여종이 당신께 은혜 입기를 원하나이다 하고 가서 먹고 얼굴에 다시는 수색이 없으니라"(삼상1:18) 심지어는 수색이 사라질 뿐만 아니라 모세와 예수의 얼굴에는 광채가 났다고 기록하고 있다.

"모세는 자기가 여호와와 말하였음으로 말미암아 얼굴 피부에 광채가 나나 깨닫지 못하였더라 아론과 온 이스라엘 자손이 모세를 볼 때에 모세의 얼굴 피부에 광채가 남을 보고 그에게 가까이하기를 두려워하더니"(출 34:29-30)

"이 말씀을 하신 후 팔 일쯤 되어 예수께서 베드로와 요한과 야고보를 데리시고 기도하시러 산으로 올라가사 기도하실 때에 용모가

변화되고 그 옷이 희어져 광채가 나더라"(눅 9:28-30)

이상과 같이 모세의 얼굴에 예수의 용모에 광채가 났음을 알 수가 있다. 중세 성화를 보면 사실화에 기초한 성자들의 얼굴에도 광채가 나는 모습을 볼 수 있다. 이와 같이 예수를 믿는 자들은 오늘도 얼굴에 광채가 나야한다. 다산 유영모 선생은 '얼굴'에 대해, 얼굴의 '얼'은 '정신의 줏대'요 '굴'은 본래 '꼴'로서 생긴 모양을 나타낸다고 했다. 즉 '얼굴'이라는 것은 '정신의 모양'을 말하는 것이다. 얼굴이라는 것은 결국 지금 정신의 모양을 나타낸다. 기쁜 얼굴은 기쁜 정신의 모양이요, 슬픈 얼굴은 슬픈 정신의 모양이 드러난 것이다. 이것이 오래되면 그 꼴이 고착이 되어 그 사람의 얼굴과 성격 운명을 지배하기까지 한다. 그래서 링컨은 40세가 넘으면 자신의 얼굴에 책임져야 한다고 했다. "마음의 즐거움은 얼굴을 빛나게 하여도 마음의 근심은 심령을 상하게 하느니라"(잠언 15:13) 얼굴이 마음의 창이라는 뜻으로 이해 할 수 있으며 "지혜는 그의 얼굴에 광채가 나게 하나니 그의 얼굴의 사나운 것이 변하느니라"(전 8:1) 이 말씀을 통하여 하나님의 말씀이 사나운 얼굴을 빛나게 함을 알 수 있다. 오늘도 거울을 보며 나의 정신의 꼴을 바라보자. 나의 기쁜 마음이 나의 얼굴을 빛나게 한다.

084

몰입과 창조

미하이 칙센트미하이(Mihaly Csikszentmihalyi)라는 헝가리계 재미 심리학 교수는 1997년 '몰입'이라는 책으로 세간에 널리 알려졌다. 인생에 성공하기 위해서는 '몰입'이 필요하고 이 '몰입의 즐거움'은 외부적인 상황에 따른 행복이 아니라 자기가 직접 만들어 내는 '행복'이기에 더욱 값진 것이라 하였다. 몰입을 효율적으로 하기 위해 명확한 목표가 필요하며 적당한 과제수행에 따른 성취 만족도가 행복으로 견인한다는 것이다. 몰입은 개인의 삶의 성취적 만족도 뿐만 아니라 성공적인 삶과 더하여 창조적인 일들을 만들어 낸다. 즉 갑자기 창조 경영이 나타나는 것이 아니라 내 분야를 사랑하고 그리고 그 일에 몰입한 후에 그 결과로 전문가가 되고 그리고 그 이후에 창조와 창의력이 나타난다는 것이다. 아인슈타인, 에디슨, 미켈란젤로 등 수많은 천재들의 창조적인 작품이 갑자기 하늘에서 떨어진 것이 아니라, 그들의 분야에서 그 누구보다 자신의 일들을 사랑하고 몰입하고 그것으로 행복을 느꼈던 자들인 것이다. 그래서 주님은 작은 일도 사랑을 가지고 충성을 다하기를 권면하고 작은 일에 최선을 다

한 자에게는 많은 일을 맡겼다(마 25:15-29).

칙센트미하이는 우리가 침팬지와 98%의 유전자가 같지만 다른 것이 있다면 창의력이라고 했다. 성경에서 성령은 창조의 영이라고 이야기하고 있다. "주의 영을 보내어 그들을 창조하사 지면을 새롭게 하시나이다"(시편 104:30) 사람이 하나님의 영이 임하면 창조를 하게 되어있다. 이 창의력은 내가 현재 하고 있는 일을 사랑하고 몰입하여 전문가가 되면 나의 노력과 시대, 환경, 문화 등이 결합되어 나타나는 현상이다. 하나님이 창조자이듯이 그의 양자의 영을 받은 우리도 그처럼 세상을 창조해 나가며 산다. 오늘도 나는 창조적인 글쓰기와 창조적인 설교와 강연 그리고 새로운 일을 찾아서 하고 있다. 이것은 오늘 나의 일을 사랑하고 몰입할 때 나타나는 것이다. 하나님이 이 세상의 피조물들을 하나 둘씩 창조하며 기뻐하고 보기에 좋았다고 하신 것처럼, 하나님의 형상으로 지어진 우리도 새로운 창조물을 볼 때마다 큰 기쁨을 느끼게 되어 있다.

"예수 그리스도와 그가 십자가에 못 박히신 것 외에는 아무것도 알지 아니하기로 작정 하였음이라"(고전 2:2)

085

습관과 운명

요즘은 목사님들의 모임에 가면 많은 분들이 성경과 찬송가를 스마트 폰으로 찾는 것을 볼 수 있다. 스마트 폰으로 이메일을 확인하고 TV도 시청하고, 라디오도 청취하고, 식당도 찾고, 영화관도 찾고, 운전 시 네비게이션으로 활용하기도 한다. 스마트 폰은 현대인에게 새로운 습관을 가져온 기계임이 분명하다. 미국의 심리학자 윌리엄 제임스(William James)는 "우리 삶이 일정한 형태를 띠는 한 우리 삶은 습관 덩어리일 뿐이다"라고 말했다. 듀크 대학교 연구진이 2006년에 발표한 논문에 따르면 우리가 매일 행하는 행동의 40퍼센트가 의사 결정의 결과가 아니라 습관 때문이라고 보고하고 있다. 찰스 두히그(Charles Duhigg)가 '습관의 힘'이라는 책을 통해서 우리가 칫솔질을 하는 습관에 대해서 이야기하고 있다. 그는 습관은 '신호-반복행동(습관)-보상'이라는 사이클로 자리 잡는다고 했다.

예를 들어 홉킨스(Frederick Gowland Hopkins)는 치약을 '펩소던트'에 '구연산'과 '박하유'를 첨가해 잇몸에 시원하고 얼얼한 느낌을 주었다고 한다. 이것이 실제로 아름다운 치아를 만드는 것과 관련이 없지만 이 자극이 마치 치아를 깨끗이 한다는 느낌을 주기에 , 사람들에게 감각에 대한 보상으로 새로운 습관을 만들게 했다는 것이다. 마치 아이들의 치약에 맛있는 향을 넣어 칫솔질에 대한 습관을 만드는 것과 같은 이치라고 할 수 있겠다. 칫솔질의 경우 입안의 거품 역시 '소듐 라우레스 설페이트'라는 '계면 활성제'를 첨가해서 만드는데 사실 이는 청결효과와 전혀 상관이 없다고 한다. 샴푸도, 세탁용 세제도 거품을 통해 사람들에게 청결효과의 느낌을 주는 것이다. 이는 보상에 대한 열망과 그 결과를 감각적으로 경험함으로 습관을 형성하는 것이다.

습관을 만들어내는 사람들은 새로운 역사를 창조해 나간다. 페브리즈를 통해 2억 3천만 달러의 매출을 얻고 그 후 방향제 향초 등이 나오기 시작했으며 앞서 언급한 펩소던트는 당시 100만 달러로 현재 환율 가치로 130억 이상의 매출을 올렸다고 한다. 한때 성공하는 사람들의 일곱 가지 습관, 여덟 가지 습관이 베스트셀러가 되고 어떤 습관이 나를 성공으로 견인하는가에 많은 사람들이 관심을 가졌었다.

성경에는 예수님도 습관을 따라 기도를 했다고 기록하고 있다(눅 22:39). 습관은 나의 열망과 감각에 의해 창조되어지고 그 습관이 내 삶에 큰 변혁을 가져오게 한다.

"의지가 습관을 낳고 습관이 성격을 낳고 성격이 운명을 낳느니라"(성어거스틴)

086

부모에게 배운 거짓말

"너희는 너희 아비 마귀에게서 났으니… 저는 처음부터 살인한 자요 진리가 그 속에 없으므로 진리에 서지 못하고 거짓을 말할 때마다 제 것으로 말하나니 이는 그가 거짓말쟁이요 거짓의 아비가 되었음이니라"(요 8:44)

성경에서는 마귀는 거짓의 아비요 거짓말쟁이라고 명하고 있다. 심지어 거짓말하는 자마다 천국에 가지 못할 것이라는 말까지 기록하고 있다. "거짓말을 좋아하며 지어내는 자는 다 성 밖에 있으리라"(계 22:15) 이렇게 거짓에 대해서 강력하게 경고를 함에도 사람들은 쉽게 거짓말을 그치지 못하고 있고, 다시 습관적으로 거짓을 말하고 교묘히 말을 지어내기도 한다. 그런데 교육 심리학에서는 이 거짓말이 부모에게서 어려서부터 학습된다는 사실을 말하고 있다. 그리고 그 부모에게 배운 거짓말이 다시 그가 커서 그의 자녀에게로 또 다시 흘러가는 것이다. "아빠에게 비밀이야" 누군가에게 전화가 왔는데 자녀에게 "엄마 없다고 그래" "모른다고 그래" "이건 말하지마" "물어보기 전에 말하지 않으면 거짓말은 아냐" 이런 나도 모르는 거짓말 교육이 나중에 아이들이 커서 거짓말을 그렇게 심각하게 생각하지 않게 하는 것이다.

한때 한국에서 큰 충격과 물의를 일으켰던 '지존파' 사건에서 두목 김기환은 집이 가난해서 미술 도구를 못 가지고 와서 교사에게 두들겨 맞아 그 다음에 훔쳐서 가져왔는데 혼나지 않자 훔친 것이 정당화되었다고 한다. 어렸을 때의 기억과 경험이 그의 평생을 좌우하게 된 것이다. 당시 이 사건을 보고 연세대학교 의과대학 정신과 고경봉 교수는 학교나 사회에서 자신의 역할 모델이 될 만한 대상을 찾지 못한 것이 그들을 그렇게 만들었다고 평가했다. 식민지 생활을 오래 한 국가의 국민성에 '미안하다' '죄송하다'는 이야기를 꺼리고 거짓말을 쉽게 하는 것도 그들의 지나온 삶의 영향일 수가 있다. 일본 메지로 대학 심리학 교수 시부야쇼조는 "험담이나 소문 말하기 좋아하는 사람은 자기가 칭찬받고 싶은 사람"이라고 지적하고 있지만 실상은 그럴수록 사회에서 더욱 고립되고 자기의 마음은 더욱 공허해 질뿐이다. 사실상 심각한 병리현상이라고 볼 수 있는데 어려서부터 거짓말을 유도하는 질문이나 그런 상황이나 환경 등에 부모들이 민감하게 반응하고 우리 자녀와 내가 정직하고 아름다운 천국에 살기 위해서는 나 자신의 마음가짐과 내가 사용하는 혀를 잘 다스려야 할 것이다.

087

미디어의 미래와 활용

저자가 최근에 라디오 방송을 하나 진행하게 되었다. TV방송에 이어 라디오 방송을 진행하면서 혹자는 효과적인 측면과 미디어의 미래를 물어보기도 한다. 이에 나는 미디어의 다양성이 확대 되면서 기존의 미디어가 사라지지 않고 다양한 커뮤니케이션의 활로로 각각 역할을 할 것이라고 이야기했다. TV가 등장하면서 라디오가 사라질 것이라고 많은 학자들이 보았지만 라디오는 사라지지 않았다. 이제 전자 신문이 나타나면서 종이 신문이 사라질 것이라고 보는 분들도 있지만 이 역시 그러하지 않을 것이라고 본다. 다만 커뮤니케이션의 다양화가 구축될 것이라고 본다. 왜냐하면 각각 그 역할의 기능이 다르기 때문에 그렇다. 사도바울은 당대 최고의 커뮤니케이션 도구였던 편지로 그가 직접 가지 않고도 유럽과 소아시아에 편지를 보내 복음을 전파하였고, 20세기 최고의 복음전도자였던 빌리 그래함(Billy Graham) 목사는 TV를 통해 전 세계에 복음을 전했다. 이제 인터넷과 전자책, 스마트폰의 어플리케이션 등 다양한 활로로 복음을 전하고 있다. 결국 앞으로는 더 많은 미디어가 세상에 나오게 될 것이고,

이 미디어를 이해하고 선점하는 자가 세상을 지배하게 될 것이다. 캐나다 미디어 학자 마샬 맥루한(Herbert Marshall McLuhan)은 "모든 미디어는 인간의 확장이며 메시지이다"라고 하였다. 싸이의 '강남 스타일'이 전 세계인의 음악이 된 것도 뉴 미디어의 등장 때문이라고 하여도 과언이 아니다. 이제 앞으로 1인 미디어 쌍방향 미디어를 얼마나 이해하고 활용하는가는 새로운 비즈니스 모델이 될 것이다. 새롭게 떠오르는 세계적인 기업의 대다수가 인터넷과 뉴 미디어를 기초한 것들이기도 하다. 이제 누구나 콘텐츠만 있으면 다양한 커뮤니케이션의 도구로 전 세계 사람들에게 자신의 콘텐츠와 정보를 공유할 수 있게 되었다.

이는 종교계도 예외는 아니다. 저자가 한국에서 낙산사 주지 무문스님과 만남을 가졌었다. 그분 역시 아이패드를 활용하면서 참 도를 세상에 널리 알리는 것이 좋다고 생각한다고 말하며, 산속의 절에서 인터넷과 아이패드를 통해 도를 전하고 있었다. 심리학자 제이 용크(Jay Jonk)의 실험에 의하면 낯선 사람보다 자주 노출된 사람의 호감도가 높게 조사가 되었다. 내가 말하고자 하는 것을 알리는 것 그것이 광고요, 그것이 미디어요, 그것이 바로 전도인 것이다.

"듣지도 못한 이를 어찌 믿으리요 전파하는 자가 없이 어찌 들으리요"(롬 10:14)

088

임사체험

심장과 뇌가 활동을 멈추고 완전히 죽은 후 다시 의식이 돌아온 후 의학적으로 사망 상태의 사건을 이야기하는 것을 '임사체험'이라고 한다. 2001년도 네덜란드 조사에 의하면 심장이 멈춘 후 다시 의식이 돌아온 사람 중 임사체험을 한 수가 약 18%로 조사된 적이 있다. 1995년 미국 갤럽의 설문조사에 1,300만 명 이상의 미국인이 임사체험을 경험한 것으로 결론을 내렸으며, 또 다른 조사에서 임사체험자중 40%는 의식이 돌아올 때 주변상황을 모두 다 보고 기억하고 있다고 보고되고 있다. 특별히 미국의 정신과 의사 레이먼드 무디(Raymond A. Moody)의 '다시 산다는 것(Life After Life)' 책에서 의학적으로 죽었다가 살아난 사람들의 체험을 자세히 이야기하고 있다. 임사체험을 단순히 호흡 부족의 환각 현상으로 설명하거나 심리적 반응으로 이해하려는 사람들도 적지 않다. 미국 조지 워싱턴 대학 라크머 차우 박사가 이끄는 연구진이 죽음이 임박한 환자 7명의 두뇌활동을 조사하여 사망 직전 30초에서 3분 동안 많은 전기 에너지가 발생한다는 것을 발견하고, 뇌세포가 마지막으로 엄청난 흥분을 주어 임사 체험이 나타난다고 했다. 그러나 뇌사 이후의 사건들을 보고 듣고 정확히 알고 있는 것은 뇌의 흥분만으로 완전히 설명할 수 없는 것이다. 미국의 신경정신과 전문의 김영우 박사에 의하면 산소를 공급받고 있던 환자도 임사체험을 하며 심장박동이 멈춘 후 10초가 지나면 뇌파 활동도 완전히 멈춰 환각작용이 일어날 수 없음에도, 임사체험자들이 당시 상황을 보고 듣고 일관된 특이한 경험들을 한다는 점에서 산소 부족의 뇌 작용으로 충분히 설명이 되지 않음을 지적했다.

또 심리적인 반응 역시 임사 체험 당시 주변 상황을 모두 듣고 보고 정확히 설명한다는 점에서 이 또한 충분한 설명이 되지 못함을 지적하고 있다. 더하여 김영우 박사가 최면치료를 통해 두뇌가 형성되기 전인 임신 1개월 상태의 태아가 태아시절을 기억하고 이야기를 하고 앞을 보지 못하는 자가 임사 경험을 통해 사물을 정확히 이야기하는 것은 육체가 죽어도 의식이 살아 있음을 명백히 증거 하는 것이라고 이야기하고 있다. 서울대 내과 정현채 교수 역시 임사체험은 마약과 같은 환각과 달리 실제 일어나는 일로 이해하고 설명하고 있다. 사도바울의 '삼층천' 경험이 그의 삶을 변화시켰듯이 죽음이 끝이 아니라 우리의 의식이 영구히 존재한다면 우리의 삶이 양태가 완전히 달라질 것이다.

"내가 그리스도 안에 있는 한 사람을 아노니 그는 십사 년 전에 셋째 하늘에 이끌려 간 자라 (그가 몸 안에 있었는지 몸 밖에 있었는지 나는 모르거니와 하나님은 아시느니라)"(고후 12:2)

089

심신 의학

지난달 한국에 심신의학의 세계적인 대가 두 명이 한국을 방문한 이후로 심신의학에 대한 관심이 더욱 많아지는 것 같다. 초프라(Deepak Chopra) 박사는 하버드 의대에서 심신의학을 강의하는데 질병 자체보다 질병의 원인에 관심을 갖고 사고 과정의 변화가 신체에 직접적인 영향을 준다고 이야기한다. 즉, 심신의학은 몸과 마음을 분리할 수 없는 하나로 보는 것이다. 스트레스를 받아 위장병을 얻은 사람을 양의에서는 위장약을 주어 치료하지만, 근본 원인인 스트레스가 해결되지 않았기 때문에 다시 재발하게 되어 있다. 그래서 그 근본 원인을 제거하는 것이다. 그런데 이것은 사실 병원에서 다루기 싫지 않은 부분이기도 하다. 한국에서는 김종성 박사가 하버드 대학에서 '심신의학'을 수련하고 용인시에 '캔미션'을 설립하여 '심신의학'으로 환자들을 치유한다. 그의 책에 보면 심신의학으로 자궁내막암, 난소암, 직장암, 대장암, 간암 등 암이 온몸에 퍼져 병원에서 치료가 불가능하고, 길어야 3개월 살 것이라는 분이 심신의학으로 지금 3년이 지나 건강을 회복하고 CBS TV에서 '간증'까지 했다고 한다.

현대 의학에 다루지 않는 마음, 생활 습관, 식사법, 걷기, 호흡, 접촉, 심상법, 말씀묵상, 통성기도 등으로 원인을 치유하여 증상치료가 아니라 원인치료를 하는 것이다. 그래서 초프라 박사는 사람에게 가장 중요한 것을 '행복'이라고 한다. 그것이 삶의 마지막 궁극적인 목표가 된다고 이야기한다. 마음이 행복하면 건강한 삶을 살 수 있다는 것이다. "마음의 즐거움은 양약이라도 심령의 근심은 뼈로 마르게 하느니라"(잠언 17:22) 기독교에서 이것에 더하여 영혼의 형통을 이야기한다. 하버드대에 스콧펙(M. Scott Peck) 박사는 심리적인 것과 영적인 것을 구별하였는데 근간에 심리, 상담, 정신과에서 조차도 영성을 이야기하고 있다. "사랑하는 자여 네 영혼이 잘됨 같이 네가 범사에 잘되고 강건하기를 내가 간구하노라"(요한삼서 1:2) 최근 조사에서는 사람이 성령을 체험할 때 뇌에서 '세타파'가 방출된다고 한다. 이것은 '에스트로겐'처럼 건강을 회복시키는 강력한 호르몬이라고 한다. 이것을 하버드 의대 허버트 벤슨(Herbert Benson) 박사는 성령을 생물과학적으로 접근한 물질이라고 하였다. 이것은 기억을 증진시키고 면역을 강화시켜 환자의 치유에 큰 도움이 된다고 한다.

"사람의 심령은 그의 병을 능히 이기려니와 심령이 상하면 그것을 누가 일으키겠느냐"(잠언 18:14)

090

치유의 설교

케티 블랙(Kathy Black)이라는 클레어몬트 신학대학 설교학 교수가 청각 장애인 교회에서 목회를 하면서 그녀 평생에 장애인에 대한 관심과 치유에 관심을 갖고 그들에게 어떤 설교를 해야 하며, 설교를 통해 어떻게 치유가 가능한지에 대해서 연구했다. 그녀는 성서에 병자의 치유에 대한 본문을 문자적인 해석보다는 은유적인 해석을, 치료보다는 치유에 집중하기를 권한다. 저자는 그분의 견해에 모든 부분 동의하지는 않지만 성서에서 치료보다 치유에 집중하는 것은 사실이다. 성서는 상한 마음을 치유하고, 죄를 용서하고, 자존감을 넣어주고 병든 자를 치유한다. 초자연적인 치료에 집중하는 것은 아니지만 고통 받는 자에 대한 사랑과 관심이 때때로 병자의 육체적 고통을 해방케 하기도 한다. 따라서 성서의 치유 사건을 은유적으로만 해석할 것이 아니라 상황에 따라 문자적으로도 해석할 수 있다고 본다. 저자는 많은 환자들과 통화와 상담을 하며 그들을 위해 기도할 때, 실제로 초자연적인 치유의 사건들을 경험하기도 하고 그분들이 직접 그것을 간증하기도 하는데 그런 일들이 적지 않게 일어난다. 얼마 전 저자의 교회에 “당신에게 힘이 될게요”의 저자 손경미 사모가 방문했다. 손경미 사모 역시 암 환우이면서 암 환우가 있는 곳이면 어느 곳이든 찾아가 그들을 위로하는 것이다. 그분을 통해 일본 교토에서 24년간 목회하는 박용수 목사님을 알게 되었다. 그 목사님의 사모님이 암으로 투병할 때 손경미 사모님이 미국에서 일본까지 찾아가 그 사모님을 위로하고 임종까지 함께해 주었다고 한다. 그분의 사역을 통해서 위로받는 자들이 때때로 치료의 사건이 일어나기도 하고, 혹 치료가 되지 않아도 그분을 통해 큰 위로를 받고 심적인 치유가 일어난다고 한다. 저자의 교회에 극단을 창립하였는데, 최근 LA의 한 양로원을 방문하였다. 그리고 공연이 끝나고 그곳을 떠나는데 어르신들이 우리 극단의 손을 붙잡고 더 있다가 가라고 하는 것이다. 그 모습에 우리 단원들이 눈물을 흘렸다. 우리는 그분들에게 문화공연을 통해 기쁨을 드리려고 했는데 그분들은 그냥 같이 있는 것만으로 좋은 것이었다. 예수님은 병든 자, 고통 받는 자를 친히 찾아가시고 더 나아가 당시 종교적 문화적 장벽을 뛰어 넘어 나병환자를 만지며 정결규례를 스스로 어기고 병자와 접촉하며 함께하여 주셨다. 거기에 나병환자의 치유함과 치료가 있었던 것이다.

“저물매 사람들이 귀신 들린 자를 많이 데리고 예수께 오거늘 예수께서 말씀으로 귀신들을 쫓아 내시고 병든 자들을 다 고치시니”(마 8:16)

PART 10.

Psychology in the Bible

091

요나 콤플렉스

40대 중반 한 남성이 주일, 어머니에게 교회를 가기 싫다고 했다. 그 아들을 어머니가 교회 가도록 설득을 한다. 아들이 말하기를 "어머니 오늘 정말 교회가기 싫습니다" "왜 안 가려고 하니?" "교회 찬양대 노래도 마음에 안 들고, 장로님 기도도 너무 길고, 교회가 사랑도 부족해요" 어머니가 아들에게 "교회에 모여 하나님께 예배드리는 것은 하나님의 명령이기에 오늘 교회를 가야 한단다. 또 주일 예배는 신앙의 기본이기 때문에 꼭 교회에 나가야 한다. 마지막으로 네가 안가면 오늘 누가 설교를 하니?" 교회 가기 싫다고 투정한 자가 바로 그 교회 담임 목사님이었던 것이다. 목사도 때로는 교회가기 싫을 때가 있나 보다.

자기가 반드시 해야 하고 감당해야 하는 일을 피하고 싶을 때가 있다. 이를 '요나 콤플렉스' 또는 '모태 귀소본능'이라고 말할 수 있다. 다 큰 어른이 어머니 뱃속을 그리워하며 현실에 적응을 하지 못하는 것을 말한다. 요나가 니느웨로 가서 회개를 선포하라는 하나님의 명령을 듣지 않고 다시스로 도망가다가 풍랑을 만나 물고기 배속에 3

일간 들어가 고생하는 이야기가 나온다. 그는 하나님이 명령할 때 이핑계 저 핑계로 하나님의 말씀에 불순종했다.

마태복음의 달란트 비유에서도 한 달란트 받은 자가 바로 요나 콤플렉스에 빠져 있던 자였다. 그는 사업에 실패할 까봐 아무것도 하지 못하고 받은바 달란트를 땅에 묻어두고 있었다. 신앙생활도 마찬가지다. 젖먹이 신앙 어린아이 신앙 장성한 분량의 신앙이 있는데 여전히 젖을 먹고자 하는 신앙인이 있다. 사회에서도 적응하지 못하고 부모에 의지하여 사는 자들을 캥거루족이라고 일컫는다. 여전히 부모를 의지하고 부모님께 얹혀사는 것이다.

교회에서도 오랜 신앙생활 속에 이제 장성한 분량의 신앙생활 속에 거해야 할 때가 지났음에도 여전히 사랑만 받고 여전히 교회를 통해 유익만 받으려는 어린아이 신앙이 있다. 혹자는 이것을 '빨대 신앙'이라고 한다. 교회를 통하여 자신의 유익만을 빼먹는다는 것이다. 성도뿐만 아니라 목사도 버젓이 남의 교회에 방문하여 이 교회가 나를 섬겨야 한다고 떳떳이 주장하는 젖먹이 신앙을 가진 목사도 있다. 이제까지 받은바 은혜와 사랑에 감사한다면 이제 내가 교회를 위해서 헌신하고 나의 십자가를 지고 공동체를 위해서 헌신할 수 있어야 하지 않을까?

"요나가 여호와의 얼굴을 피하려고 일어나 다시스로 도망하려 하여 욥바로 내려갔더니"(욘 1:3)

092

머릿돌을 놓자

얼마 전 영국의 마라톤에서 길을 잘못 들어선 2등의 뒤를 따라간 5,000여 명이 실격되는 사건이 있었다. 앞선 사람이 실수나 잘못된 선택이 수많은 사람을 곤경에 빠뜨리게 할 수 있음을 보여주는 대표적인 사례였다. 그래서 리더는 항상 바른 목표를 설정하고 그 목표에 가능한 도달할 수 있도록 해야 할 것이다. '리차즈 와이즈맨'이 5,000명에 대해 조사했더니 목표에 도달한 사람이 10%뿐이었다고 한다. 즉, 목표를 설정해도 목표에 도달하는 사람은 그리 많지가 않다는 것이다. 또 2010년 연구에 의하면 무언가 간절히 원하기만 한 피 실험자들이 그들이 원하는 것과 달리 상황이 오히려 악화되었다고 한다. 반면 구체적인 계획을 세운 사람은 원하는 결과에 쉽게 도달하였다고 한다. 많은 사람이 목표를 세운다. 그러나 계획을 세우지 않아 목표에 도달하지 못하는 것이다. 더하여 와팅켄은 목표달성에 낙관적인 태도와 문제에 대한 현실적인 태도 이중사고를 가져야 목표에 도달한다고 했다. 또 그레그 헤리스(Greg Harris) 목사는 100명의 피 실험집단을 조사했더니 그 중 2/3가 스스로 목표를 세웠고,

그중 10명만이 현실적인 계획을 세웠다고 한다. 그리고 단 2명만이 중도에 포기하지 않고 목표를 달성했다고 한다. 목표도 중요하지만, 이후 계획이 중요하고, 그것이 현실적인 것인가에 대한 고찰과 포기하지 않는 인내가 필요한 것이다. 스가랴서에 보면 포로생활에서 돌아온 이스라엘 백성이 어마어마한 성전 재건축 프로젝트를 세운다. 이에 많은 반대자를 만나는데, 하나님은 스가랴를 통해 "머릿돌을 놓으면 내가 행하리라"라고 말씀하신다(슥 4:7). 목표만 세우지 말고 계획도 세우고 시작을 하라는 것이다. 저자의 교회에서도 이제 성전 건축을 한다. 머릿속에 있는 이론으로만이 아니라 성경에 나온 대로 머릿돌을 놓으려고 한다. 목표를 세우고 계획을 세우고 현실적인 가능성을 생각하고 포기하지 않고 시작하면 우리가 꿈꾸는 공동의 목표에 도달할 것이다. 사랑하는 독자들이 이제 꿈을 가지고 목표를 세우고 계획을 세우고 머릿돌을 놓기를 소망한다. 성경의 모든 글들이 현장을 가지고 있었던 것처럼 이글도 독자와 함께 현장을 가지고 역사를 쓰길 소망한다.

"큰 산아 네가 무엇이냐 네가 스룹바벨 앞에서 평지가 되리라 그가 머릿돌을 내놓을 때에 무리가 외치기를 은총, 은총이 그에게 있을지어다 하리라 하셨고"(슥 4:7)

093

'악'이란 무엇인가

한나 아렌트에 대해 잠깐 소개하고자 한다. 그녀는 독일에서 살던 유대인인데 나치 시대에 미국으로 넘어갔다. 그리고 1960년대 중반 '뉴욕커'라는 미국의 대표적인 잡지사로부터 예루살렘으로 파견되어 수많은 유대인을 죽인 루돌프 아이히만의 재판과정을 취재하게 된다. 그 전범자는 많은 유대인을 가스실로 보내어 죽게 한 자였다. 그에 대한 수많은 유대인들이 극도의 분노가 있었기 때문에 예기치 않은 사고를 방지하기 위해 그 용의자를 방탄유리 부스에 가두어 재판을 받게 했다. 그리고 그 재판 과정을 지켜보던 한나 아렌트가 굉장한 충격을 받았다고 한다.

그 전범자가 생각과 달리 너무나 평범하고, 착한 이웃의 모습을 가졌던 것이다. 그래서 그녀는 악이라는 것이 따로 있는 개체가 아니라는 뜻에서 '악의 평범성'을 이야기하게 되었다. 그리고 악을 '비판적 사유의 부재'라고 표현하게 된다. 신문에 종종 교회 안에서의 갈등과 반목들에 관한 기사를 볼 수가 있다. 너무 많은 갈등과 싸움 반목으로 세상에서 교회가 좋은 이미지로 비춰지지 못하는 것이 사실이다. 천국의 모형이라는 교회가 천국의 모형이 아니라 전쟁터가 된 것이다. 그러나 사실 목사들의 모임 가운데서도 폭력과 충돌, 고성, 다툼으로 경찰까지 출동하는 기사들을 보고 많은 분들이 "목사들도 다 똑같다"라는 이야기를 하게 되었다. 한나 아렌트가 말한 것처럼, 악은 뿔을 가지고 사탄의 모양으로 다가오는 것이 아니라 너무나 평범한 모습으로 모든 곳에 존재한다. 악을 행할 때에도 그 악을 악으로 인지하면서 행하는 자도 그리 많지 않다. 그래서 악을 행하는 자들을 비판하고 정죄하기보다 그들을 끊임없이 계몽하고 지도하는 것이 모든 깨어있는 자들의 사명이다. 사도바울이 당대 최고의 학부를 나오고도 '악'을 악으로 알지 못하고 많은 악행을 행했고, 또 유럽 최대의 문명과 문화를 자랑했던 독일이 극악한 악행을 자행한 것처럼 지식의 수준과 문명에 상관없이 심지어 종교 지도자라 할지라도 악을 자행할 수 있는 것이다. 그러나 사도바울이 그의 눈에 비늘 같은 것이 벗겨지고, 그의 삶의 양태가 바뀌었던 것처럼 오늘 폭력과 다툼의 주동자가 내일의 사도바울이 될 수 있음을 기대해 본다.

"즉시 사울의 눈에서 비늘 같은 것이 벗어져 다시 보게 된지라 일어나 세례를 받고"(행 9:18)

094

캄보디아에서

저자의 은사 중 한 분이신 선교사님을 16년 만에 찾아뵈었다. 필리핀에서 14년, 그리고 캄보디아에서 8년 동안 선교를 하셨다. 8년 전 복음이 아직도 덜 들어간 곳에서 복음을 전하기 위해 필리핀에서의 모든 사역들을 모두 내려놓고, 이민 가방 3개를 들고 캄보디아로 무작정 왔다고 한다. 그리고 다시 수도 프놈펜에서 더 복음이 들어가지 않은 스와링이라는 지역까지 차를 타고 강을 건너서 그곳에 도착하여 신학교를 세우고 신학생들을 가르치게 되었다. 스와링이라는 지역에는 650여 개의 마을이 있다고 한다. 그리고 그곳에 현재 150여 개의 교회가 세워져 있었다. 아직도 500여 마을에는 교회도 없고, 예수 이름조차 모르는 분들이 많았다. 선교사님이 세운 학교의 학생들이 섬기는 10여 개 교회들이 함께 모여 연합 집회를 하게 되었다. 깊은 숲으로 들어가서 예배를 인도하는데, 그곳에는 전기도 마실 물도 화장실도 없었다. 물소와 아이들이 물속에서 같이 수영하고 놀고 있었다. 기가 막혔다. 21세기 현대 문명사회에서 아직도 이런 미개한 곳이 있다는 것에 놀랐다. 음식을 대접한다고 어떤 젊은 여자

분이 들깨 같은 것을 그릇에 담아가지고 왔다. 들깨 옆에 작은 털들이 있는 것 같아 자세히 보니 들깨가 아니라 개미였다. 먹을 것이 없어 개미, 땅강아지, 개구리, 나뭇잎사귀를 먹으며 살고 있었다. 먹는 것도 너무 형편없었지만 얼굴들이 또 왜 그리 굳어져 있고 인상들을 쓰고 있는지, 아마도 1975년부터 4년간 있었던 공산혁명 때문인 것 같다. 당시 공산혁명을 주도했던 폴포트가 캄보디아 총 인구의 1/4에 해당하는 200만 명 이상을 처형했다고 한다.

캄보디아 전역에서 당시 유골들이 발굴됐다. 저녁에 발전기를 돌려 전구에 불을 켜고 집회를 시작하였다. 사람들이 몰려와 예배를 드리기 시작하더니 무섭고 굳어졌던 사람들의 얼굴에 웃음이 생기고, 기쁨이 가득한 모습을 보게 되었다. 이곳에 교회가 세워져야 하는 큰 이유를 발견하게 되었다. 꿈도 웃음도 희망도 없던 그들이 교회를 통하여 웃음과 기쁨을 갖게 된 것이다. 나는 기독교의 특징이 바로 '기쁨'이라고 생각한다. 빌립이 복음을 전파한 곳에 큰 기쁨이 있었던 것처럼 이제 캄보디아에도 기쁨의 물결이 넘쳐나길 소망한다.

"이에 명하여 수레를 멈추고 빌립과 내시가 둘 다 물에 내려가 빌립이 세례를 베풀고 둘이 물에서 올라올새 주의 영이 빌립을 이끌어간지라 내시는 기쁘게 길을 가므로 그를 다시 보지 못하니라"(행 8:38-39)

095

자기규정 효과

'자기규정' 효과란 자신을 어떤 존재로 규정하느냐에 따라 언어, 생각, 그리고 행동까지 바뀌어 그런 존재가 된다는 이론이다. 나는 어려서부터 우리 아버지가 나와 내 동생에게 하나는 하늘에 받치고 하나는 나라에 받치겠다고 하면서 나에게는 최 목사라고 부르고, 내 동생은 최 장군이라고 불렀다. 나는 당연히 내가 목사가 된다는 생각 외에 해본 적이 없고, 시간이 지나 나는 목사가 되었고, 내 동생은 지금 대한민국 육군 소령으로 나라를 지키고 있다. 사람은 자신을 어떤 존재로 규정하느냐에 따라 거기에 맞는 언어, 생각, 행동을 하게 되어 있다. 얼마 전 감리교의 박만용 감독을 만났다. 자신은 신학교 시절 세 가지 꿈을 가졌는데 첫째, 나는 감리교의 감독이 되고, 둘째, 학교를 세우고, 셋째, 병원을 세워 하나님 나라를 확장할 것이라고 자신을 규정했다고 한다. 그런데 시간이 지나 감독이 되고, 용인에 국제학교를 세우고, 지금 이제 80이 다되신 연세에 병원건립에 대한 꿈을 가지고 뛰고 있다고 하셨다. 성경에 나오는 수많은 인물이 자기를 어떻게 규정하느냐에 따라 자기의 미래가 결정되는 경우를 너무도 많이 볼 수 있다. 어떤 이는 자기를 메뚜기로 규정하기도 하고, 또 어떤 이는 자기를 위대한 하나님의 자녀로 규정하기도 하고, 그러나 위대한 지도자들은 자신을 존귀하고 위대한 자로 규정한다. 저자의 교회에서 '한국 문화의 날' 행사를 준비하는데 이 근처 고등학교 실내 체육관을 빌려 행사를 하게 되었다. 독립기념일 연휴가 겹쳐 많은 사람이 걱정과 염려를 하였고 나도 내심 염려가 되었다. 그러나 나는 앞으로 체육관이 아니라 더 큰 운동장에서 집회를 할 사람이다. 그리고 오히려 더 많이 홍보를 하였더니 지역 시장도 찾아와 축하해주고 여러 다민족이 찾아와 체육관을 가득 채웠다. 사도바울은 자신을 항상 하나님이 세워주신 사도라고 자신을 규정하고 다니며 사도 중에 가장 영향력 있는 사역을 하게 되었고(고전 1:1), 다윗은 자신이 사망의 음침한 골짜기로 다녀도 하나님이 지켜주는 자로 자신을 규정했다(시23:4). 또 엘리사는 자신의 은사보다 갑절의 영감이 있을 자로 자신을 규정했다(왕하 2:9). 나는 어떤 사람으로 나를 규정하고 살아가고 있는가? 그것이 곧 나의 미래가 되는 것이다.

"예수 그리스도의 종 바울은 사도로 부르심을 받아 하나님의 복음을 위하여 택정함을 입었으니"(롬 1:1)

096

기적과 같은 이야기

얼마 전 뇌수술을 받아야 하는 앤드류의 이야기를 읽었다. 앤드류의 부모가 하나님의 기적 외에는 아이를 살릴 수 없다는 이야기를 듣고 그의 형이 자기 저금통을 깨서 약국으로 갔다고 한다. 약사에게 기적을 팔라고 하는 어린 아이의 이야기를 들은 한 신사가 그 아이에게 부모님에게 가자고 하여 앤드류를 치료하여 주었다. 그 신사가 바로 칼 암스트롱(Karl Armstrong) 뇌수술 전문가였다. 그 박사로부터 건강을 되찾은 앤드류의 수술비는 그의 형이 가지고 갔던 단돈 1 달러 11센트였다고 한다. 금번 저자의 교회에 한국에서 함께 신앙생활 했던 광림교회 신범식 집사님이 방문하였다. 서울대학교 정치외교학과 교수로 있으면서 올해 안식년을 맞아 북미의 지인들을 찾아다니면서 있었던 이야기를 해주었다. 그 중 벤쿠버에서 10년간 인디언 선교를 하는 한 한인 선교사님의 이야기가 인상에 깊게 남았다. 10년간 인디언 마을에서만 지낸 이 선교사님은 인디언 마을에 교회를 건축하는데 어떤 한인 교회로부터도 도움을 받지 못하는 가운데 인디언 마을 추장과 교회도 다니지 않는 불신자의 도움으로 교회를 짓게 되었다고 한다. 그 후 인디언 마을 속에서만 지내던 그 선교사님의 자녀가 갑자기 뇌종양으로 병원에서 더 이상 가망 없다는 진단을 받게 되어 10년 만에 인디언 마을에서 나와 한인 교회에서 봉사하며 자녀와 함께 병원에 다녔다고 한다. 그런데 가망이 전혀 없다던 아이가 치료가 되기 시작하더니 완치가 되는 기적이 일어났다. 저자의 교회에서 금번 선교한 나바호 인디언 선교에서도 선교센터 건축이 민원으로 인해 중단되었는데, 오히려 그 민원으로 인해 선교센터의 재산권 보호와 3에이커의 추가적인 땅을 얻을 수 있게 되었다. 기적과 같은 이야기의 주인공이 되는 사람들의 공통점은 내가 만난 모든 어려움에 대한 이해와 긍정적인 해석이 선행된다. 하나님이 이 어려움을 통해 나에게 주시고자 하는 축복이 무엇인지 찾는 것이다.

이것이 '로고테라피(Logotherapy)'이다. 마치, 요셉처럼 다윗처럼 자신의 고난 속에 감춰진 축복을 찾고 희망을 포기하지 않는 그들에게 기적과 같은 이야기의 주인공이 되는 축복이 찾아오게 되는 것이다.

"주께서 나의 슬픔이 변하여 내게 춤이 되게 하시며 나의 베옷을 벗기고 기쁨으로 띠 띠우셨나이다"(시 30:11)

097

화용론과 공손의 법칙

'화용론'이란 언어학에서 상황적 맥락에서 화자와 상대방에 의한 언어의 사회적 사용과 기능적 규칙을 말하는 것으로, 효과적인 말하기를 위해 여러 가지 이론을 소개한다. 특별히 언어학자 지오프리 리치(Geoffrey Leech)는 6가지 공손의 원칙을 말한다. 하나가 칭찬과 찬양의 극대화다. 이는 예수의 화법에도 잘 나타나 있다. "이스라엘 중 아무에게서도 이만한 믿음을 보지 못하였노라"(마 8:10) "여자여 네 믿음이 크도다"(마 15:28) "네 속에 간사한 것이 없구나"(요 1:47) 예수의 화법은 언제나 칭찬하기를 즐겨하셨다.

또 다른 하나가 겸손의 극대화다. 즉, 자신을 최대한 낮추거나 상대방을 최대한 높여서 대화를 공손하고 우호적으로 이끌어 낸다는 이론이다. 여기서는 칭찬이나 찬양에 대한 주어가 'I(나 자신)'를 피해서 사용한다. 예를 들어, "You were so kind of us!"라고 했을 때, 대답을 "Yes, I was, wasn't I?"라고 대답하면 문법적으로는 문제가 될 것이 없지만 ,이 문장은 '화용론'에서는 불공손한 대답으로 적절치 못한 답변으로 간주한다. 이렇게 대화법에도 자신을 드러내는 대화법은 상대방으로 하여금 불공손하게끔 느끼게 하고, 때로는 불쾌하게 하기도 한다. 더 나아가 그 사람을 교만한 사람으로 인식하게도 한다.

성경에는 교만은 패망의 선봉이라고 하였는데, 사탄의 언어 역시 'I(나)'를 계속 강조하는 대화법을 사용하고 있음을 알 수가 있다. "네가 네 마음에 이르기를 내가 하늘에 올라 하나님의 뭇 별 위에 내 자리를 높이리라 내가 북극 집회의 산 위에 앉으리라"(사 14:13) 여기서 보듯이 사탄의 언어 속에 '나'라는 단어가 얼마나 많이 나오는지, 이것을 읽고 있으면 사탄이 얼마나 교만하게 느껴지는지, 그래서 성경에서는 'I(나)'를 강조하는 순간 하나같이 넘어지는 것을 볼 수가 있다.

베드로가 '나'는 결단코 배신하지 않으리라 하였지만, 주님을 세 번 부인 하였고, 욥도 요셉도 하와도 한나도 '나'를 주장하였을 때 다 넘어지는 것을 알 수가 있다. 이는 주위 사람들도 불편해하는 표현으로 이러한 표현이 결국 갈등과 분열을 일으키는 것이다. 교회도 내가 목사인데, 내가 장로인데, 내가 이 교회 몇 년을 다녔는데, 이런 '나'를 중심으로 한 표현이 문제를 만든다.

"그를 높이라 그리하면 그가 너를 높이 들리라 만일 그를 품으면 그가 너를 영화롭게 하리라"(잠 4:8)

098

거짓말

지옥의 입으로 불리는 괴벨스는 히틀러의 참모 중 브레인 역할을 했던 자로 유명하다. 그는 거짓말에 대해서 이렇게 이야기했다. 사람들은 한번 들은 거짓말은 부정하지만 두 번 들으면 의심하고 세 번 들으면 믿게 된다. 히틀러는 괴벨스의 입을 통해 수많은 나치들을 선동하고 유대인들을 악마라고 규정하여 600만이라는 대 학살을 자행하게 된다. 성경에는 사탄은 처음부터 거짓말하는 자요 거짓의 아비로 나와 있다. 교묘한 거짓말은 새빨간 거짓말로 변질되고 그 말에 현혹된 인간들은 에덴동산을 잃어버리게 된다. 기쁨을 잃어버린 것이다. 사탄의 무기로, 태초부터 지금까지 첫 번째가 바로 거짓말이다. 인류의 타락과 범죄가 거짓말로 시작해서, 지금도 과학이라는 이름으로 여러 학문이라는 이름으로 포장하여 사람들을 속이고 있다. '진화론'이 과학이라 하기에는 많은 오류와 증명되는 결과들이 없는데도 이것을 절대적 진리와 과학으로 믿게 했는데 이로서 인류 역사에 수많은 해악이 들어오게 되었다. 히틀러가 장애인들을 대량 참사한 것도 ''유토피아'라는 나라를 만들기 위해서 생태계에 생존 불가능한 모든 것은 반드시 도태되는 것처럼, 열등한 인종을 이 세상에서 없애고 질병이 없는 세상을 만들자고 했다. 그것이 바로 다윈의 진화론과 연결되어 있었다. 미국에서도 이런 '우생학'으로 5만 명의 장애자가 죽음을 당했다고 한다. 지금도 진화의 개념으로 더 나은 인간을 만들기 위해 인간과 동물간의 교종을 시도하고 있다. 이 진화론으로 마치 기독교는 과학적이지 않은 종교로 매도되어지고, 젊은 층들은 교회를 떠나가고 있다.

바이올라 대학의 폴 넬슨(Paul A. Nelson) 박사는 진화생물학자들이 주장하는 진화론에 문제가 많다고 한다. 이것은 과학보다는 정치적 요소가 있다고 주장한다. 분자생물학자인 조나단 웰스(Jonathan Wells)는 종안에서의 작은 변화는 있지만 종에서 종으로의 변화는 없다고 한다. 공산주의도 '모두가 똑같이 잘사는 세상'이라는 거짓말로 수많은 나라와 사람들을 현혹하여 수많은 사람을 죽게 만들었다.

지금도 모든 사람이 평등하다는 인본주의의 가치로 여러 사회 문화 속에서 역 차별들이 이뤄지고 있다. 사탄은 지금도 거짓말이라는 도구로 교회에서 사회에서 질병을 퍼트리고 있다.

"너희는 너희 아비 마귀에게서 났으니 너희 아비의 욕심대로 너희도 행하고자 하느니라 그는 처음부터 살인한 자요 진리가 그 속에 없으므로 진리에 서지 못하고 거짓을 말할 때마다 제 것으로 말하나니 이는 그가 거짓말쟁이요 거짓의 아비가 되었음이라"(요 8:44)

099

음식과 범죄

일본의 범죄 심리학자 오사와 히로시 박사에 의하면 범죄소년의 혈액, 모발에서 알루미늄과 납, 카드늄 등의 중금속 성분이 많이 검출되고, 주요 영양소인 칼륨과 망간은 적게 나왔다고 한다. 몸에 필요하고 이로운 미네랄은 적고 해로운 중금속이 많았다는 것이다. 일본에서 20년 전 중학생들의 폭력이 갑자기 늘어나 고민하다가 소년원에 수용된 아이들의 이전 식사 특성을 조사해 본 결과 탄산음료, 인스턴트식품, 과자, 캐러멜 등을 많이 먹고 식사가 불규칙 적이었다는 것이다. 또 미국에서는 10년 동안 살인범의 뇌가 포도당을 어떻게 사용하는가에 대한 논문이 발표되었는데 충동적인 살인을 하는 경우 뇌의 포도당의 활용이 좋지 못했다고 한다. 인스턴트 음식들이 성격을 난폭하게 만들고 다혈질과 급한 성격으로 사람을 만든다는 것이다. 유해 가공식품이 몸뿐만 아니라 마음까지 병들게 한다는 것이다.

저자가 신학생 시절 레위기 11장과 20장의 음식법을 조사한 적이 있었다. 그것은 먹을 수 있는 음식과 먹을 수 없는 음식으로 나눠진다. 저자가 접촉한 유대 랍비 골든 버그(Golden Berg)가 유대 음식법에서 "너 가 먹는 것이 곧 너이다"라고 말해 주었다. 유대인들에게 내가 먹는 것이 곧 내가 된다고 가르친다고 한다. 레위기 11장에 하나님이 먹지 말라는 것을 먹지 않았더니 위생 보건에도 좋았다고 랍비들은 가르친다. 고려대학교 의과대학 이은일 교수는 레위기 11장의 음식법이 위생 보건을 가르친 첫 의서였다고 말한다. 광야에서 집단생활을 했던 그들이 위생적인 생활을 하지 않았다면 전염병에 걸릴 확률이 높았다는 것이다. 성경은 음식에 대한 정결법을 중요시 하는데, 사람의 첫 번째 죄가 먹지 말라는 것을 먹은 죄였다(창 2:17). 눈에 보이는 음식뿐만 아니라 음악, 언어도 우리가 먹는 것이다. 헤비메탈 음악을 들은 식물이 죽어가고, 저주를 받은 음식이 쉽게 상하고, 사람을 죽이는 오락을 하던 아이가 부모를 살해했다는 뉴스를 접하는 것처럼 오늘 내가 먹고, 듣는 모든 것들이 나를 만들어 가고 그것이 내가 되는 것이다. 선악과를 먹으면 선악을 알게 되고, 생명나무의 과실을 먹으면 생명을 얻는 것처럼, 성경을 읽고, 아름다운 찬양을 듣고, 축복의 말을 듣고 선포할 때 건강한 영육을 소유하게 될 것이다.

"선악을 알게 하는 나무의 열매는 먹지 말라 네가 먹는 날에는 반드시 죽으리라 하시니라"(창 2:17)

100

점점 빨리
흘러가는 시간

많은 분들이 시간이 왜 이렇게 빨리 지나가는지 모르겠다고 한다. 왜 이런 느낌이 드는 것일까. 사실 시간이라는 것도 절대적이지 않고 상대적이다. 아인슈타인의 상대성 이론을 이야기하면 만약 우리가 빛의 속도로 움직인다면 시간이 정지한다고 하였다. 우리가 빛의 속도로 움직이지 못해도 우리의 속도와 시간이 연관 관계가 있다면 시간이 점점 빨라지는 것은 느낌이 아니라 사실이 된다. 먼저 사람 몸 안에는 생체시계가 있다. 몸이 하루를 읽고, 여자의 몸이 한 달을 읽는 것처럼 몸 안의 시계가 있다. 그런데 이 시계가 나이가 들면서 조금씩 느려진다는 것이다. 나이가 먹으면서 시상하부 교차 상핵의 세포가 줄어들고, 도파민의 부족해지고, 생체시계가 느려지니 거꾸로 시간이 빨리 흐르는 것처럼 느끼는 것이다. 쉽게 예전에는 하루에 10개의 일을 했는데 이제 9개의 일을 한다면 왜 이렇게 하루가 빨리 끝나지라고 느끼게 되는 것이다. 또 하나는 기억의 망원경 효과가 있다. 과거를 기억할 때 시간적 거리가 축소되어 현재와 가까운 일처럼 인식되어 시간의 축약 현상이 일어난다. 이것은 기억의 착시 효과 같은 것이라 할 수 있겠다. 마지막으로 '회상효과'라는 것이 있다. 시간이 빨리 지나가는 것이 기억할 것이 별로 없으면 그 시기가 짧게 느껴진다는 것이다. 많은 사람들이 어느 시절이 기억에 가장 뚜렷하냐고 물으면 대부분 여자는 학창 시절, 남자는 군대 시절을 언급한다. 군대시절이 2년에서 3년밖에 안되는데 지난 10년, 20년간의 이야기보다도 2, 3년의 군대 이야기가 더 많다. 나이가 들수록 다람쥐 쳇바퀴도는 삶속에 특별히 기억할 만한 사건도, 특별한 감정도, 삶의 활력소가 없이 그냥 살아가는 것이다. 이 때 시간이 빨리 지나가는 것처럼 느껴진다. 시간이 왜 이렇게 빨리 흐르지 라는 생각이 들을수록 긴장한 삶을 살아야 한다. 그렇지 않으면 자주 우울해지고, 쉽게 서운함을 느끼고, 툭하면 눈물이 나고, 인생에 특별히 성취한 것도 없는데 시간은 더욱더 빨리 흘러가는 것처럼 느끼는 것이다. 반대로 기억할 만한 사건들을 계속 만든다면 생체시계가 좀 느려져도 시간이 너무 빨리 흘러간다고만 생각되지는 않을 것이다.

"세월을 아끼라 때가 악하니라"(엡 5:16)

PART 11.

Psychology in the Bible

101

어떤 믿음과 어떤 음악

초대 교부 중 '황금의 입'으로 알려진 4세기 교부 존 크리소스톰(John Chrysostom)은 "믿음이 우리의 구원을 위해 충분하다고 생각하지 마십시오. 성결한 삶이 증거 해야 합니다."라고 말하였다. 초대교회 교부들은 믿음의 증거로서의 행함을 많이 강조하였다. 물론 중세시대 종교개혁가 루터는 행함을 강조한 야고보서를 지푸라기 서신이라고 이야기했지만, 아무리 위대한 자라 할지라도 성경의 한 부분만을 강조할 수 있는 권리를 인정받을 수는 없을 것이다. 감리교 창시자 요한 웨슬리(John Wesley)는 '사회구원'이라는 개념을 이야기했다. 그리고 홀리 클럽을 통한 사회적 약자에 대한 돌봄과 구원을 추구했다. 영국 수상 볼드윈은 요한 웨슬리가 죽어가는 영국을 구원했다고 했다. 한국의 한 중형교회 목사님과의 만남 속에 요즘 한국의 기독교가 '믿음'을 중세시대의 면죄부처럼 파는 것이 아닌가라는 이야기를 하였는데, 다시 새겨 보아야 할 말씀이다. 면죄부만 사면 구원이 보장되었던 중세시대처럼, 지금 우리가 "믿습니다"라는 의례적인 고백이 정말 '구원'을 담보할 수 있는 것인지 성경 앞에 솔직히 자문해 보아야 할 것이다. 요한복음에 "누구든지 예수를 영접하는 자 시인하는 자는 영생을 얻으리라"는 말씀만을 받아들이면서 마태복음의 말씀들을 외면할 수 있겠는가. "나더러 주여 주여 하는 자마다 천국에 들어갈 것이 아니요 다만 하늘에 계신 내 아버지의 뜻대로 행하는 자라야 들어가리라"(마 7:21) 믿음으로 구원 받는다면 과연 이 믿음은 어떤 믿음인가? 부모를 사랑한다고 하면서 근거리의 부모를 한 번도 찾아보지도 않는 사랑은 진정한 사랑이 아닐 것이다. '믿는다'고 하면서 믿음의 증거를 보이지 않는다면 그 믿음을 어떻게 살아있는 믿음이라 할 수 있을까? 어떻게 믿음이라고 할 수 있을까? 우리가 행함으로 온전하다, 의롭다 칭함을 받을 수 없지만 믿음의 증거를 보이기 위해서 최소한 몸부림치고 말씀대로 살지 못함을 안타까워해야 할 것이다. 믿음 때문에 목숨을 버렸던 예수의 제자들과 초대교회 성도들, 과연 나의 믿음은 성경에서 말하는 믿음인가 생각해 본다.

"하나님께서 부리시는 악령이 사울에게 이를 때에 다윗이 수금을 들고 와서 손으로 탄즉 사울이 상쾌하여 낫고 악령이 그에게서 떠나더라"(삼상 16:23) 다윗의 수금 찬양이 얼마나 능력이 있었는지 그의 수금 연주를 듣고 사울을 괴롭히는 악령이 떠났다고 성경은 기록하고 있다. 다윗은 목동시절부터 왕이 되어서까지 찬양을 끊임없이 좋아했다. 그의 시에는 장차 오실 메시야에 대한 구체적인 예언과 수난 당하실 주에 대한 시들이 가득 차 있다. 과연 다윗의 찬양으로 사울의 악한 영이 나간 것처럼, 음악이 어떤 능력과 계시를 가지고 있는 것일까. '리듬'이라는 책에 보면, 영국 레스터 대학의 노스 박사의 재미있는 연구가 나온다. 백화점이나 상점에서 프랑스 음악을 틀어 놓았을 때에 77%가 프랑스산 포도주를 사고, 독일 음악을 틀어 놓았을 때 73%가 독일산 포도주를 샀다고 한다. 일리노이대 병원의 휴 박사는 간질 발작 환자에게 모차르트의 '피아노 소나타 k488'을 틀어 주었더니, 몇 분 안에 놀라운 변화가 생겼으며 환자 36명 가운데 29명이 극적으로 호전되었다고 보고했다고 한다. 그 뿐 아니라 인체의 질병에도, 그리고 사람들의 구매에도 영향을 미치는 것으로 계속 조사가 되고 있다. 더하여 성경은 사람의 영혼에 까지 영향을 미친다고 나타나 있다. 스타벅스의 로고로 차용되기도 한 '사이렌'이라는 그리스 신화의 여성은 아름다운 노래 소리로 선원들을 배에서 뛰어 내리게 하여 죽음으로 이끌었다. 오디세우스는 그 노래가 너무 듣고 싶어 자신의 몸을 돛대에 묶고 그곳을 지나가게 된다. 이와 같이 사람을 죽이는 노래도 있는 것이다. 본래 사탄으로 불리는 루시퍼는 성가대장이었다고 한다(겔 28:13). 그런 그가 교만하여 버림을 받은 후, 음악으로 세상을 정복하려고 한다. 자살하는 대부분의 사람들이 죽기 전에 음악을 틀어 놓고 죽는다고 한다. 1988년 지강헌의 인질극에서 마지막 자살 기도 전에 특정 음악을 틀어 달라 부탁한 것이 잊혀 지지 않는다. 자살 기도자들이 틀어 놓고 세상을 떠나는 음악들의 공통점이 있다고 한다. 어떤 음악은 '악령'을 초청하기도 하고, 어떤 음악은 '성령'을 초청하기도 한다.

102

말더듬이에서 웅변 왕으로

나는 사람들에게 말하는 것을 몹시 겁을 내던 자였다. 심히 내성적이고 반에서도 짝꿍 외에 말하는 것도 힘들어하고, 친했던 친구도 오랜만에 보면 다시 말하기 힘들어했다. 선생님에게 말한다는 것은 더욱더 힘들어했다. 초등학교 6학년 때 화장실 간다는 말을 하지 못해 옷에 실례를 했던 기억은 아직도 기억에 생생하다. 그렇게 말 못하던 아이가 당시 초등학교 선생의 배려와 강권으로 전교 웅변대회에 나가게 되었다. 웅변학원에서 나름 수상 경력 있는 아이들이 다수 참여하는 대회에서 웅변학원 한번 다녀본 적 없는 내가 여러 학생 사이에서 조용한 목소리로 '효'에 대해서 설명하였고, 정말 기대 이상으로 전교 최우수상을 타게 되었다. 큰 이변이 생긴 것이다. 그것이 나를 변화시키는 계기가 되었다. 지금은 매주 설교도 하고, 방송도 하고, 많은 사람 앞에 수시로 말하는 나를 보고 아무도 말 못하던 아이라 믿지 못한다. 말더듬을 극복하고 미국에서 전국 웅변 왕이 된 마커스 힐이 생각난다. 작은 단어 하나를 완벽하게 발음하는 연습을 해서, 단어와 단어를 조합해서 말 더듬을 극복하고 웅변 왕이 되었다.

예전에 영국의 조지 6세의 실화를 다룬 영화 '킹스 스피치'를 보면서 국왕의 말 더듬을 치료하는 장면을 재미있게 보았던 적이 있다. 성경에 말이 어눌했던 모세에게 하나님이 그에게 막대기를 통해 기적을 보여주시며, 그에게 용기를 주시고 그에게 성취동기를 주셔서 감당하기 어려운 일을 결국 하게 하셨던 것처럼, 하나님은 우리에게 패배와 실패에 대한 기억과 두려움을 없애 주시고, 용기와 작은 성취함을 주셔서 큰일에 도전케 하시고 커다란 사명을 완수케 하신다. 맥스웰 몰츠(Dr. Maxwell Maltz) 박사는 생생한 꿈이 이루어지는 것처럼, 생생한 생각은 이루어진다고 하였다. 또, 상상 속에서 보는 이미지대로 몸이 변화된다고 하였다. 사랑하는 독자들이 실패에 대한 기억과 두려움을 벗어버리고 하나님이 주시는 용기를 부여잡고 잃어 버렸던 자존감을 회복하기를 바란다. 그리고 상상 속에 나의 꿈을 이미지화하고 도전하기를 소망한다. 성경을 보면 하나님은 하나같이 부족한 자들에게 용기를 주어 그들을 영웅들로 사용하셨다.

"사람들이 너희를 끌어다가 넘겨 줄 때에 무슨 말을 할까 미리 염려하지 말고 무엇이든지 그 때에 너희에게 주시는 그 말을 하라 말하는 이는 너희가 아니요 성령이시니라"(막 13:11)

103

감사의 계절

텍사스 MD 암센터 종신교수 김의신 박사의 암 이야기를 들은 적이 있다. 성가대원이 일반인보다 면역세포가 1000배나 더 높게 나왔다고 한다. 노래 부르고 감사하는 자가 자연 치유세포로 암을 더 쉽게 극복한다는 것이다. 근심과 스트레스는 뇌에서 10번 부교감 신경을 자극하여 위와 장운동을 떨어뜨리고 식욕을 감소케 하고 수면장애까지 준다는 것이다. 그러나 모든 것을 하나님께 맡기고 매사에 긍정적이고 희망을 찾는 환자들은 암 치료 결과도 좋다고 한다. 미국의 존 자웨트(John Henry Jowett) 박사는 감사기도를 하고 식사를 하는 사람에게 세 가지 물질이 형성되었는데, 첫째 '신비한 백신' 질병을 예방하고 치료하는 물질인데 기도 백신이라고도 한다고 한다. 둘째 '항독서'로서 항체 역할을 하여 질병의 진행을 막고 살균의 역할을 한다고 한다. 셋째 '안티셉틴' 이것은 위장 내에서 음식물이 부패하는 것을 방지하고 소화흡수를 돕는다고 한다. 욥은 이유 없는 고통 가운데 불평을 금할 수 없다고 말하고 있다(욥 7:11). 그러나 욥의 고난은 그의 입에서 불평이 떠난 다음에 찾아온다. 출애굽 한 이스라엘 백성들이 20번이나 원망했다는 이야기가 나오고 있다. 본인들이 그렇게 이집트를 나오고 싶어 했음에도, 이집트에서 그냥 있는 게 나았을 것이라고, 그곳에 그냥 살 걸 그랬다고 모세를 원망하고 하나님을 원망한다. 나중에는 하나님이 우리와 함께 하는가 의심을 한다. 나중에는 먹는 음식이 같다고 불평까지 한다. 그러나 주목할 점은 원망, 불평한 사람은 단 한 명도 가나안 땅에 들어가지 못했다는 것이다. 영국 청교도 102명이 메이플라워호를 타고 종교의 자유를 찾아 이곳 신대륙에 와서, 추수한 것도 얼마 없고, 동료도 반 가까이 세상을 떠났지만, 그래도 하나님께 마음껏 예배드릴 수 있음에 감사했던 것을 기억해 보면, 우리의 감사가 얼마나 부끄러운 것인지 이루 말할 수 없다. 저자는 군 복무 시절 교회 간다고 거의 매일 두들겨 맞았던 기억이 있다. 교회 한번 마음껏 가는 것이 그렇게 소원이었는데, 아직도 많은 선교지에서는 교회 가는 것이 금지된 곳이 있다. 교회 갈 수 있다는 것 하나만으로도 얼마나 우리 주변에 감사할 것이 많은가? 매일 감사가 넘쳐나는 모든 독자들이 되길 소망한다.

"감사로 제사를 드리는 자가 나를 영화롭게 하나니 그의 행위를 옳게 하는 자에게 내가 하나님의 구원을 보이리라"(시 50:23)

104

85,000배의 축복

저자가 처음 미국에 왔을 때 볼티모어 근교 처가댁에서 함께 살기 시작했다. 그때 장인어른께서 미국에 17년째 남의 땅에서 농사를 짓고 계셨다. 마지막 꿈이 있다면 내 땅에서 농사짓는 게 꿈이라고 하셔서 함께 원하시는 땅을 찾아서 매일 기도하고 돌자고 말씀드리고, 부동산 매물에도 나오지 않은 땅을 매일 아침마다 기도 하고 돌기 시작했다. 2달쯤 되어 기도를 포기하려고 하는데 갑자기 땅 주인이 찾아와 우리보고 자기 땅을 사면 좋겠다고 찾아 온 것이었다. 그런데 가격이 너무 비싸서 다시 한 번 포기하려했다. 포기하기 전에 땅이나 한번 보자 하여 그 땅을 보는데 농사짓는 땅 뒤편에 닭장이 있는데 전부 85,000 마리의 닭이 있는 것이었다. 2달마다 계속 85,000마리가 위탁 사육된다는 것이다. 그 닭을 보는 순간 하나님이 이 땅을 반드시 주리라는 확신을 가지고 포기하지 않고 계속 기도했는데, 여러 곳에서 기적적으로 돕는 손길들이 오기 시작했다. 닭들을 자산으로 융자 신청이 되고 갑자기 연락 끊겼던 분이 연락을 해와 돈을 빌려 드리고 싶다고 먼저 말씀해 와서 그 땅을 기적적으로 사게 됐다.

물론 닭 85,000 마리를 통해 융자도 해결했다. 저자는 초등학교 3학년 때, 학교 앞에서 병아리를 사서 닭으로 키웠던 적이 있다. 병아리를 너무 사랑해서 훈련을 시켜 뽀뽀라고 외치면 달려와서 나에게 뽀뽀를 하기도 했다. 어린마음에 그 닭과 평생을 같이 살기로 마음먹었다. 그런데 어느 날 어머니께서 우리가 섬기던 교회 목사님이 생활이 너무 어려워 먹을 것이 여의치 않아 얼굴이 누렇게 떠서 다닌다고 내가 키운 닭을 드리면 안 되겠냐고 물어 보시는 것 이었다. 밤새 울고 그 다음날 결심을 하고 노끈으로 닭을 묶어서 목사님께 갇다드렸던 기억이 난다. 내가 그렇게 사랑했던, 나의 전부였던 병아리를 목사님께 드렸던 것이다. 그리고 잊어버리고 지내다가 20여년이 지나 하나님이 85,000마리의 닭으로 되갚아 주셨다고 믿는다. 미시간 대학 심리학자 스테파니 브라운(Stephanie Brown) 박사는 남을 돕고 베푸는 사람이 오래 산다는 발표를 했다. 와튼 스쿨의 애덤 그랜트(Adam Grant) 박사는 베푸는 자가 성공한다고 발표했다.

"너는 네 떡을 물 위에 던져라 여러 날 후에 도로 찾으리라"(전 11:1)

105

꿈의 해석

'꿈의 해석'이란 책으로 인간의 무의식 세계를 소개한 프로이드는 꿈에 대해서 리비도(성적충동), 억압이론 등 여러 가지 이론으로 소개했다. 그러나 그를 능가하는 제자로 알려진 칼 융(Carl Jung)은 꿈에 대해서 세 가지로 정리했다. 첫 번째, 꿈은 기억의 잔상 또는 찌꺼기로 소위 개꿈이라고 말할 수 있다. 우리가 일상생활에서 이뤄졌던 것들이 꿈속에서 재현 되는 것으로 잠에서 깨어도 기억하지 못하거나 내용이 정확하지 않은 꿈들을 말한다. 두 번째, 개인적 무의식이 억압의 표출로 나타난다. 많은 학자와 신경 정신과 의사들 가운데 꿈을 단순히 이렇게 이해하는 경우가 많이 있다. 잠자기 전 또는 신경 쓰고 있는 부분이 표출된다는 것이다. 마지막으로 원형(Archetype)적인 꿈이 있다. 집단 무의식으로 이는 원형으로 알 수 없는 곳으로부터의 계시나 환상이 주어진다고 보는 것이다. 이런 꿈은 그 꿈이 그대로 이뤄지는 것을 볼 수 있는데 이것에 대한 원인적 이유는 알지 못하고 단지 현상학적인 형태만은 존재하는데 이를 '동시성(Synchronicity)' 현상이라고 하였다. 성경에서 소개되는 요셉의 꿈, 바로의 꿈, 사도바울이 경험했던 환상들 모두 다 이 원형적인 꿈, 계시적인 꿈이라고 할 수 있다. 기억의 찌꺼기는 대체로 꿈의 내용이 생생하지가 못하고, 억압의 표출의 경우 대다수 과거나 현재의 꿈들이 많고, 마지막으로 원형적 꿈은 미래형 꿈이 많은데 그 표출이 고대의 신화나 성경에 나오는 상징으로 나타난다. 융에게 영향을 주었던 스웨덴 보리가 스톡홀름의 불타는 환상을 보았는데 그 시간에 실제로 그곳에 불이 났다고 한다. 칼 융은 어떤 여자 환자와 상담치료를 하는데 그 여자가 자신이 꾼 꿈속의 풍뎅이에 대해서 이야기를 해주었다고 한다. 그때 융은 풍뎅이가 이집트 신화에서 재생을 상징한다고 말하는 순간 창문에서 부딪히는 소리가 나서 밖을 쳐다보니 꿈에서 본 풍뎅이 한 마리가 있었다고 한다.

"기드온이 그 꿈과 해몽하는 말을 듣고 경배하며 이스라엘 진영으로 돌아와 이르되 일어나라 여호와께서 미디안과 그 모든 진영을 너희 손에 넘겨 주셨느니라 하고"(삿 7:15)

106

열등감과 부족함의 축복

1902년 독일에서 태어 난후 미국 뉴욕으로 이주한 에릭 호퍼라는 사람을 소개한다. 어렸을 때 완전히 실명을 한 후 학교에 다니지 못하다가 15살 때 기적적으로 시력을 되찾게 되었다. 그리고 또 다시 시력을 잃을까 봐 닥치는 대로 책을 읽기 시작했다. 18세에 아버지마저 잃고 노동자로 살지만 도서관에서 거의 모든 분야의 책을 읽어 몽테뉴의 수상록은 줄줄 외었다고 한다. "대중 운동의 실상(The True Believer)"라는 책으로 대 명성을 얻게 된 호퍼는 집단 동일시에 관한 심리연구서적으로 인간 본성에 대해서 심도 깊게 기술하였다. 많은 독자들이 알다시피 20세기 최고의 지휘자 중 하나로 알려진 토스카니는 본래 첼로 연주자였다. 그런 그가 사실은 심한 근시여서 악보를 볼 수가 없었는데 그래서 그는 악보를 외워서 연주했다고 한다. 하루는 지휘자가 연주회에 참석을 하지 못하게 되어 악보를 외운 토스카니가 대신 지휘를 하게 된 것이다. 맥스웰 몰츠(Dr. Maxwell Maltz)는 95%의 사람들이 약점 때문에 열등감을 가지고 살아간다. 그런데 문제는 내 약점이 무엇인가가 아니라 어떻게 받아들이고 극복하느냐에 따라서 인생이 달라진다고 했다. 버려진 대리석 조각으로 '다비드 상'을 만들었던 미켈란젤로처럼 오늘 나의 버려진 부분이 오히려 축복이 될 수 있다. 인간의 성장 동기로 '열등감'을 말한 알프레드 아들러(Alfred Adler)는 "인간이 존재한다는 것은 열등감을 느낀다는 것이다"라며 열등감을 통해 내가 더 발전할 수 있다고 긍정적인 측면을 바라보았다. 성경의 사사기에 나타난 수많은 부족한 사람들이 지도자가 되는 것을 볼 수가 있다. 왼손잡이 에훗, 그는 오른손 장애가 있었고, 사생아였던 입다, 유일한 여자 지도자 드보라, 모두 부족한 사람들이었다. 하나님이 우리에게 눈을 뒤에 있게 하지 않은 것은 뒤돌아보지 말고 앞만 보고 살라는 것이다. 부족한 부분, 버려진 부분, 쓸모없는 부분을 바라보지 말고 이것이 오히려 축복의 통로가 되길 바란다. 말 못하던 자가 말하게 되고 글 못쓰던 자가 글 쓰게 됨에 감사하며 이 감격을 사랑하는 독자들과 공유하길 원한다.

"이 예수는 너희 건축자들의 버린 돌로서 집 모퉁이의 머릿돌이 되었느니라"(행 4:11)

107

군대귀신과 집단최면

예전 한국의 전쟁영화를 보면 정신이 나간 여자가 간혹 등장하여 총 쏘는 흉내를 내고, 수류탄을 던지고 몸을 피하는 그런 장면들을 어렵지 않게 봤던 것 같다. 성경에 보면 군대귀신 들린 자가 나온다. 예수님 시대도 전시였으니 군대 귀신 들린 자들이 적지 않았을 것 같다. 또 귀신을 쫓는 사역이 많았던 것을 보면 당시 시대적 상황이 귀신들린 자들을 어렵지 않게 만날 수 있었던 사회였다. 요즘이야 우리 주변에 군대 귀신들린 자들을 찾아보기 어렵지만, 이제는 물질과 맘몬귀신이 퍼져가는 것 같다. 최근 클레어몬트 신학대학에 세계적인 조직신학자 존 캅(John B. Cobb) 박사는 미국이 "군대 귀신에 빠진 것이 아닌가"라고 했다. 계속 전쟁을 하는 미국에 대한 비판이기도 하다. 요즘 신학자들 가운데 계시록의 백마 탄 자를 미국으로 해석하는 분들이 있다. '이기고 또 이기려고 하더라'는 구절에서 활에 화살은 이미 발사되었고, 이긴 것이 아니라 계속 이기려는 모습이 요즘 미국과 너무 흡사하다는 것이다. 나는 지금 미국과 현대인들이 마치 집단최면에 빠져 인생의 궁극선과 가치관에 대해서 엉뚱한 방향으로 나아가는 것이 아닌가 우려한다. 소설 '피리부는 사나이'의 무대인 독일의 하멜른이라는 도시 한 건물 벽에, 1284년 6월 26일 하멜른에서 태어난 아이 130명이 피리 부는 광대를 따라가 다시는 돌아오지 않았다고 적혀있다고 한다. 이 사건은 집단 최면 사례로 거론되곤 한다. 한 사람의 최면가에 의해 집단이 목적 없이 따라가는 것이다. 히틀러의 곁에 대중선동가로 괴벨스가 있었다. 그는 특히 라디오를 통해 대중을 선동했다. 현대도 많은 사람들이 집단최면에 빠져 있다. 문제는 현대의 집단 최면은 물질, 맘몬, 대형화, 그리고 힘에 있다는 것이다. 많은 사람들이 집단 최면에 걸려 옳고 옳지 않은 것에 대한 구분이 모호해 지고 인생의 참 행복과 궁극 선을 힘과 물질로 상징화한다. 그리고 이에 매스컴도 한 몫을 하고 있다. 소위 권력, 재력, 지력을 가진 자들을 성공한 인물로 묘사하고 대중에게 선보이는 것이다. 이제 최면에서 깨어나야 할 시간이다. 물질이 우리를 행복하게 하는 것도 아니고 힘이 평화를 가져다주는 것도 아니다. 이것을 빨리 깨닫지 못한다면 미국은 계속 힘에 의한 평화를 추구할 것이고, 많은 사람들은 경제 논리에 의해 양육강식에 의해 불행해 질 것이기 때문이다.

"예수께 이르러 그 귀신 들렸던 자 곧 군대 귀신 지폈던 자가 옷을 입고 정신이 온전하여 앉은 것을 보고 두려워하더라"(막 5:15)

108

멕시코 테픽
(Tepic)을 다녀와서

멕시코 테픽(Tepic)을 다녀왔다. LA 공항에서 비행기를 타고 과달라하라까지 3시간, 다시 공항에서 테픽까지 3시간 30분 걸려 도착했다. 테픽은 경제적 여건이 좋지 않았다. 집단 거주지에 가보니 어른들은 사탕수수밭에 다 함께 일하러 가고 아이들은 3평 남짓한 시멘트 바닥에서 놀고 있었다. 그곳에 48세 된 한인 여성 선교사가 자신의 삶을 온전히 드리고 있었다. 주변에 한인도 없고, 한인 마켓도 없고, 집에는 TV도 없고, 벽에는 그리운 부모님의 사진이 붙어 있었다. 속으로 친구도 없이 무슨 낙으로 사시나 물어보았지만 예전에 고향 어른 중에 한 분이 나에게 묻던 똑같은 질문이 생각났다. "최 선생 당신은 술도 안 먹고 이 세상 무슨 낙으로 사시나" 그분에겐 술이 유일한 낙인지 몰라도 나는 그보다 더 큰 낙으로 살고 있는데 그분은 그것을 몰랐나 보다. 그런데 오늘 내가 그 여선교사에게 같은 질문을 했다. "여선교사님 무슨 낙으로 살고 계십니까?" 그분은 소망 없는 아이들이 가난을 대물림하면서 12살이 넘으면 부모님과 같이 사탕수수밭에 가서 평생을 일하고, 3평 남짓한 집단 거주지에서 공동 화장실 공동 세면장에서 사람 사는 곳이라고 말하기 어려운 곳에서 지내고, 평생 맥도널드에 잘 가면 네 번 정도 간다는 그 아이들에게 예수님을 소개하고 소망을 심겨주고 있었다. 그 아이들이 예수님을 믿고 소망을 가질 때 그 여 선교사에게 큰 기쁨이고 삶의 의미를 거기서 찾고 있는 것이다. 미국에서 한국에 선교사를 파송할 때 미국도 복음화가 되지 않았는데 무슨 다른 나라 선교냐고 반대하던 분들이 적지 않았다고 한다. 그때 미국과 전혀 상관없는 한국을 모른 척하고 선교사를 파송하지 않았다면 '오늘 내가 예수를 알고 근대 교육을 받을 수 있었을까?'라는 생각을 해본다. 예수를 믿는다는 것은 나와 내 가족 내 나라의 범주를 벗어나 전 세계적인 아픔에 관심을 갖기 시작하는 것이다. 아브라함이 자기 도시도 아닌 소돔과 고모라성이 무너지지 않기 위해 기도했던 것처럼 사도바울이 유럽과 소아시아의 교회들을 위해서 기도했던 것처럼 오늘 예수 믿는다는 것은 내 민족 내 가족 내 교회를 위한 기도와 신앙생활을 넘어 땅 끝까지 하나님의 뜻이 이 땅에 이루어지도록 기도하고 실천하는 것이다.

"아브라함이 또 이르되 주는 노하지 마옵소서 내가 이번만 더 아뢰리이다 거기서 십 명을 찾으시면 어찌 하려 하시나이까 이르시되 내가 십 명으로 말미암아 멸하지 아니하리라"(창 18:32)

109

벼룩의 점프

곤충 학자이자 벼룩 여왕으로 알려진 루이저 로스차일드 박사가 벼룩을 가지고 실험을 했다. 동영상으로 이 실험을 지켜보았는데 자기 몸의 100배 30cm를 뛰는 벼룩을 유리컵에 넣고 뚜껑을 닫아 놓았더니 계속 부딪히는 소리가 나고 더 이상 부딪히는 소리가 나지 않을 때 뚜껑을 열면 유리컵 밖으로 나오는 벼룩이 없는 것이다. 3분의 1밖에 안 되는 높이임에도 유리병 안에 갇혀서 자기의 능력을 사용하지 못하는 것이다. 마치 어린 코끼리 발목에 밧줄을 묶어 두면 커서도 그 밧줄에 의해 제한받는 것과 다름없다. 이는 곤충이나 동물뿐만 아니라 마틴 셀리그만(Martin Seligman) 박사에 의하면 인간 역시 무기력이 학습 되어 자기의 능력을 발휘하지 못하고 산다고 한다. 성경에 자신의 제한된 능력을 뛰어 넘은 많은 영웅이 있다. 그 중에서도 가장 대표적인 것이 다윗일 것이다. 다윗이 골리앗과의 대결에서 자신의 능력을 뛰어 넘었던 것은 그의 믿음이었다. 얼마 전 본 교회에서 미네소타 대학에서 암전문의로 활동하였던 김태환 박사의 한국인의 암 세미나를 가졌다. 암 환자가 암을 극복하기 위해서 중요한 여러 가지를 소개하였는데 그 중에서 가장 기억에 남는 것이 이 병에서 나을 수 있다는 믿음과 확신이 있어야 한다는 말이 기억에 남는다. 여기에 종교가 큰 힘을 한다고 하였다. 절망은 우리가 컵 속에 갇힌 벼룩처럼 세상 밖에 나오지 못하게 하고 자기의 능력을 발휘하지 못하게 한다. 이것은 내가 하나님의 자녀라는 사실을 잊어버리고 무능력하게 살게 하는 것이다. 베토벤은 31세에 청력을 완전히 상실하고 33세에 죽으려고 유서까지 썼지만 베토벤의 대작들이 청력을 상실한 이후로 탄생하였다. GE의 최고 경영자였던 잭 웰치는 어린 시절 말을 더듬었지만 어머니는 말을 더듬는 것이 "네가 다른 사람보다 생각이 빨라서 말이 생각을 따라가지 못해서 그렇다"고 그에게 오히려 용기를 주고 다른 사람보다 월등함을 말해주었다. 예수님은 죄의식에 사로 잡혀 있는 자 억눌린 자 질병과 가난에 눌려 있는 자들에게 하나님의 자녀로서의 축복 된 자의식을 심어주셨다. 여러분은 하나님의 자녀로서 무한한 가능성을 지닌 존재임을 잊지 말아야 할 것이다.

"예수께서 이르시되 할 수 있거든이 무슨 말이냐 믿는 자에게는 능히 하지 못할 일이 없느니라 하시니"(막 9:23)

110

음양과 예수 그리스도

1772년경 영국의 화학자 조셉 프리스틀리(Joseph Priestley)가 산소를 발견한 유명한 실험이 있다. 밀폐된 유리컵 속에 쥐만 넣었을 때에는 죽더니, 쥐와 식물을 함께 넣으면 둘 다 산다는 것이다. 쥐는 이산화탄소를 내뿜고 산소를 들이마시고 식물은 반대로 이산화탄소를 들이마시고 산소를 내뿜기 때문이다. 그렇기에 이 세상은 동물만 있어도 살 수가 없고 식물만 있어도 살 수가 없는 세상이다. 이 세상은 음과 양이 조화된 세상이라고 할 수 있다. 이 세상에 남자만 존재할 수 없고 또 여자만 존재할 수도 없다. 하나만 존재하면 반드시 존재 자체가 없어지기 때문에 그렇다. 그래서 하나님은 창세기에 해와 달과 별을 만들고 낮과 밤을 나누어 그것으로 사시와 일자와 징조를 이루게 하며 저녁과 낮이 합쳐 하루가 되고 여자와 남자가 한 몸을 이루어 자녀를 낳고 작은 광명체인 달은 저녁을 주관하고 큰 광명체인 해는 낮을 주관하게 했다. 짚신도 짝이 있다는 속담처럼 모든 삼라만상 속에 다 짝을 이루게 하였다. 부모와 자녀 남자와 여자 낮과 밤 해와 달 좌우 음양 바다와 육지 동물과 식물 입자도 쌍 입자가 있다고 한다.

성경에도 모든 성경에 짝이 있다고 이야기하고 있다(사 34:16). 이 두 개의 짝이 온전한 하나를 이루는 것이다. 북 이스라엘과 남 유다가 한 나라이듯이 구약과 신약이 짝을 이루어 하나의 성경이 된다. 이것이 결국은 하나의 완성체가 되는 것이다. 그런데 예수 그리스도도 두 가지 속성으로 되어 있다고 나와 있다. 바로 은혜와 진리가 충만하다는 것이다. 은혜는 성령 포도주 피를 상징하고 진리는 말씀 떡살을 상징한다. 초창기 오순절 계통의 교단에서는 성령을 많이 강조했고 보수적인 교단에서는 말씀 진리를 많이 강조했다. 그러나 예수는 모두 충만하신 분으로 두 속성이 완전한 하나를 이루게 되어있다. 동물만 존재하면 지구의 생태계가 다 죽어버리는 것처럼 영적인 세계도 둘 중 하나만 강조되면 병들고 죽게 되는 것이다. 피는 살 안에 있고 살은 그 안에 피가 흘러야 생명력이 있는 것이다. 웨슬리가 주장했던 성서 전통 이성 경험처럼 건강한 신앙인은 말씀, 거룩, 진리와 함께 찬양, 기도, 성령, 은사들이 동일하게 수반되어야 한다.

"말씀이 육신이 되어 우리 가운데 거하시매 우리가 그의 영광을 보니 아버지의 독생자의 영광이요 은혜와 진리가 충만하더라"(요 1:14)

성경에서
심리학을
읽다

PART 12.

111. 신앙은 체험입니다

112. 펠리카니즘(Pelicanism)

113. 오병이어의 기적

114. 만남과 전염

115. 카메라 앵글과 정보 입력

116. 이름을 남기는 사람들

Psychology in the Bible

111

신앙은 체험입니다

토마스 머튼(Thomas Merton)이 종교는 설명이 아니라 체험이라고 했다. 20세기 최고의 신학자라 일컫는 폴 틸리히(Paul Tillich)도 신학의 궁극적 근원을 성령의 체험이라고 이야기했다. 부활이 신앙을 만들었다는 판넨버그와 신앙이 부활을 만들었다는 불트만의 논쟁에서, 나는 부활이 신앙을 만든 것이라고 믿는다. 이 체험이 사람의 삶을 완전히 변화시키는 것이다. 이런 체험이 없이는 목회자라 할지라도 복음의 능력과 감격으로 사명을 감당한다고 보기 어려울 것이다. 모 교단의 목회자의 절반 이상이 예수만이 구원자라고 믿지 않는다고 통계조사를 발표하였는데, 이는 체험의 결여라고 여겨진다. 요한 웨슬리가 1938년 올더스게잇에서 체험한 성령의 경험은 그를 순회전도자로 변화시켰다. 말을 타고 160만 마일을 전도여행을 다녔다고 한다. 저자 교회에 박승목 집사님과 박영자 집사님이 방문하셨다. RV를 타고 만 12년 동안 미국을 22회나 순회하며 전도하고 이제 다시 23차 순회 전도를 시작했다고 한다. 간암 선고를 받고 이대로 죽을 수 없다고 시작한 순회 전도. 본 교회에 금, 토 이틀간 있으리라 계획했지만, 주일을 지나 다시 금요일까지 8일간 이 지역의 한인들을 찾아가며 밤 12시까지 전도하는 모습을 보았다. 때로는 버스에 총을 맞기도 하고 불량한 사람들에 의해 문짝이 부서지기도 하고 기름 값이 없어 도중에 차가 서기도 하고 허리케인의 위험, 그럼에도 이들을 길거리로 내몰고 전도자로 살게 한 것은 그들이 체험한 하나님, 간암에서 살려주시고 7년간 병상에서 살려주신 하나님, 무엇보다 죽을 수밖에 없는 인간을 살려주신 속죄함의 체험, 이 은혜의 다양한 경험이 이들의 삶에 의미와 확신을 주고 갈 바를 알지 못하지만 믿음으로 나아가게 한 것이다. 20세기 최고의 수학자라고 불리는 데이비드 힐버트(David Hilbert)는 "무한대라는 것은 자연에 존재하지 않는다. 그것은 단지 개념일 뿐이다. 따라서 이 세상에 영원한 것은 없다"고 말했다. 죽는 것은 정한 이치인데 유한한 우리의 삶 속에서 이 삶이 전부인 것처럼 살지 말고, 사도바울처럼 부활의 체험을 경험하기를 소망한다.

"기록된 바 하나님이 자기를 사랑하는 자들을 위하여 예비하신 모든 것은 눈으로 보지 못하고 귀로 듣지 못하고 사람의 마음으로 생각하지도 못하였다 함과 같으니라"(고전 2:9)

112

펠리카니즘
(Pelicanism)

펠라카니즘(Pelicanism)은 밀림의 성자로 불리는 슈바이처 박사가 처음 사용한 단어다. 겨울에 먹을 것이 없으면 자신의 가슴의 털을 뽑아 자신의 가슴의 살과 피를 새끼에게 먹인다고 한다. 기독교에서 말하는 사랑, 예수의 사랑을 가장 잘 설명한 이야기이다. 저자의 은사인 백향목 목사님은 저자를 너무 사랑하여서 고국을 떠나는 제자에게 자신의 아내의 산후 조리비까지 제자에게 건네주며 눈물을 훔치며 나를 보냈었다. 나의 동생이 농구공을 잃어버려 울고 있을 때, 본인은 구두 한 켤레 살 돈이 없어 고무신을 신고 다니면서도, 문방구에 가서 농구공을 몰래 사와 구석에 앉아 새 농구공을 땅바닥에 북북 긁고 찾았다고 기쁘게 오셨던 것이 기억난다. 아직도 그 사랑을 못 잊어 해마다 은사님을 찾아뵙고, 개척교회 때부터 지금까지 끊임없이 그분을 후원하고 있다. 그런 펠리카니즘적인 사랑을 받은 것이 감사하다. 우리 주변에는 정말 자신을 희생하는 많은 분들이 있는 것 같다. 사랑하는 아들이 세상을 떠났는데도 성도들과의 약속이라며 강단을 지켰던 한국 중앙교회 원로 최복규 목사님, 조선 땅에 선교하러 와서 1년도 못되어 25살의 나이로 세상을 떠난 루비 캔드릭 여사, 양화진 선교사의 묘에 가면 그녀의 묘비명에 다음과 같은 글이 있다. "내게 줄 수 있는 천 번의 생명이 있다면 나는 한국을 위해 그 모두를 드리겠다." 이 땅에 도착하자마자 순교한 토마스 선교사 모두 다 희생적인 사랑을 가진 자들이다. 토마스 선교사를 파송한 하노버 교회를 가보면 아직도 그의 사진이 걸려 있었다. 지금은 한국에서 목회하시지만, 볼티모어 사랑의 교회에서 성도들을 더 사랑하게 해 달라고 울부짖던 김요한 목사님, 이제 나도 펠리칸 같은 새가 될 수 있을까. 아비의 마음을 가지고 사랑을 주는 성직자가 될 수 있을까. 예수님의 사랑을 다시 한 번 생각하며 내가 받은 그 사랑, 예수님의 사랑, 은사님들의 사랑, 이제 내가 갚아야 하는데 나는 새보다도 못하다. 미국의 정신 분석의인 칼 메닝거(Karl Augustus Menninger)는 타인을 위한 삶이 불만과 원망을 제거하고 좋은 세상을 만드는 최선의 길이라 했다. 나도 이제 은사님들처럼 그렇게 기도한다. "주여 저에게 영혼에 대한 사랑을 더욱 부어 주소서. 저는 아직도 멀었습니다."

"친히 나무에 달려 그 몸으로 우리 죄를 담당하셨으니 이는 우리로 죄에 대하여 죽고 의에 대하여 살게 하려 하심이라 그가 채찍에 맞음으로 너희는 나음을 얻었나니"(벧전 2:24)

113

오병이어의 기적

템플 침례교회와 템플 대학이 병으로 세상을 떠난 한 소녀의 57센트 헌금으로 시작된 것처럼, 작은 헌신은 기적을 만든다. 이것을 티핑 포인트라고도 하고, 오병이어의 기적이라고도 한다. 백화점 왕 존 워너 메이커가 어린 시절 남몰래 날랐던 벽돌이 그 교회의 성전 건축으로 이어졌다고 한다. 저자의 교회도 미국 교회와 함께 예배드리기 점점 어려워지면서 아이들이 성전 건축을 하겠다고 팥빙수를 판매해 성전 기금을 모금하고, 한미 사랑 선교회는 김치를 판매하고, 남선교회는 골프 대회를, 마리아 여선교회와 에스더 여선교회가 계속 바자회와 행사를 통해서 기금을 조성하고 있었다. 저자의 아들은 처갓댁에서 한 달간 잔디 깎고 받아온 200불을 투명 유리통에 넣고 교인들에게 자랑을 하고 다녔다. 더 모아서 미니 아이패드 산다고 하더니 어느 날 우리는 우리의 교회가 필요하다고 그것을 다 성전 건축헌금으로 드린 것이다. 얼마나 감사한지 그렇게 모든 성도가 하나가 되어 성전 건축에 힘을 썼다. 그럼에도 턱 없이 부족했다. 그럼에도 감사한 것이 우리 역시 교회도 없고 어렵지만 교회없는 멕시코에 교회를 지어 주기로 하고, 선교센터 짓는 것을 도왔다. 교회는 계속 재정적으로 어려움이 더해가고, 건축을 포기하든, 선교와 구제를 포기해야 했지만 감사하게도 선교는 포기하거나 줄이지 말자고 했다. 그런데 15명의 선교 팀이 멕시코 선교를 가는 날, 갑자기 한 미국 교회에서 저자에게 전화가 왔다. 교회를 매각하려고 하는데, 혹시 생각이 있느냐는 것이다. 이것이 무슨 일인가. 이제 하나님이 교회 건축을 도와주겠다고 전화를 해주신 것 같았다. 그동안 조리던 마음과 무거운 짐이 다 벗겨지고 눈물이 흘렀다. 여러 장로님을 비롯한 모든 성도들에게 너무 고맙고 펑펑 눈물이 났다. 하나님이 이 교회를 사랑해 주시고, 역사해 주셔서 너무 감사했다. 오병이어의 기적, 먹을 것이 없을 때 네 것을 가져다 주어라고 했다. 내 것을 드려 보았자 무슨 일이 일어날까. 어른들은 아무도 안 가져 오는데 어린아이 하나가 순종을 한다. 자기 먹을 조그마한 도시락 거기서 오병이어 기적이 일어나는 것이다.

"예수께서 이르시되 너희가 먹을 것을 주라 하시니 여짜오되 우리에게 떡 다섯 개와 물고기 두 마리밖에 없으니 이 모든 사람을 위하여 먹을 것을 사지 아니하고서는 할 수 없사옵나이다 하니 이는 남자가 한 오천 명 됨이러라 제자들에게 이르시되 떼를 지어 한 오십 명씩 앉히라 하시니 제자들이 이렇게 하여 다 앉힌 후 예수께서 떡 다섯 개와 물고기 두 마리를 가지사 하늘을 우러러 축사하시고 떼어 제자들에게 주어 무리에게 나누어 주게 하시니 먹고 다 배불렀더라 그 남은 조각을 열두 바구니에 거두니라"(눅 9:13-17)

114

만남과 전염

미국의 하버드 대학의 니컬러스 크리스태키스(nicholas christakis)와 제임스 파울러(james fowler)가 공동으로 쓴 “Connected”에 보면 내 친구가 행복하면 내가 행복할 확률이 15% 증가하고, 내 친구의 친구가 행복하면 내가 행복할 확률이 10% 증가하고, 내 친구의 친구의 친구가 행복하면 내가 행복할 확률이 6% 올라간다고 했다. 이는 우리의 인간관계가 우리가 만나는 사람과 얼마나 밀접한 연관관계를 가지고 있는가를 나타내고 있다. 성경은 복 있는 사람은 악인과 다니지 않는다고 했다(시편 1편). 공부 잘하는 친구와 함께 다니면 성적이 올라가고, 싸움꾼과 함께 다니면 싸움실력이 늘고, 술꾼과 다니면 술이 늘게 되어 있다.

모든 사람은 영향을 주고받게 되어 있다. 따라서 내가 만나는 사람을 보면 나를 알 수가 있고, 부정적인 사람을 만나면 부정적인 인간이 되게 되는 것이다. 성경은 다른 복음을 전하는 자는 집에 들이지도 말라고 하여서 부정적인 원인을 원천적으로 차단하고 있다. 고 이병철 회장은 부자 옆에 줄을 서라 했다. 산삼 밭에 가야 산삼을 캘 수 있다는 것이다. 예수님의 제자들이 예수님과 같은 삶을 살 수 있었던 이유는 그와 함께 했었기 때문이다. 오늘 나를 만드는 가장 큰 요인 중에 하나가 바로 만남이고 그 만남을 통한 전염일 것이다. 헨렌 켈러(Helen Adams Keller)가 위대한 사람이 되기까지 그가 만난 앤 설리번(Anne Sullivan)의 영향이 100%였다고 해도 과언이 아니었을 것이다.

이 만남은 꼭 사람과 사람과의 만남을 넘어서 내가 접하는 미디어와도 깊은 영향을 주고받는다고 하겠다. 2015년 10월 수도권 초등 4-6학년 260명을 대상으로 초록우산 어린이재단에서 아이들이 하루 평균 미디어 이용시간이 얼마나 되는지에 대하여 조사했다. 스마트폰 1.98시간, TV 1.85시간, 컴퓨터 1.41 시간, 라디오 1.17시간 이니 가장 많은 미디어 접촉이 스마트 폰이었다. 초등학생이 이러한 조사 결과를 가진다는 것이 충격적이고 오래전 통계니 지금은 이보다 훨씬 더 높을 것이다. 미국에서도 비슷한 조사를 했었다. 크리스천 가정 에서 우리 자녀들이 17살 때까지 사용하는 시간을 조사해 보았다.

교회에서 보내는 시간 8시간, 가정에서 보내는 시간 2,000시간, 학교에서 보내는 시간 11,000시간, 미디어와 보내는 시간 63,000시간 현격하게 우리 아이들이 보내는 시간의 대부분이 미디어와 보내고 있음을 알 수가 있다. 따라서 아이들의 교육을 교회에만 맡길 수가 없고, 또한 가정에만 맡길 수도 없다는 것을 알 수 있다. 그들이 대부분 보내는 시간이 학교와 미디어에 있으니 미디어와 학교 교육이 아이들의 인성과 그들의 성향을 만드는 근간이 되는 것이다.

저자는 오래전부터 기독교의 성직자 제도에 문제가 있다고 믿어왔다. 대다수 모든 종교가 어려서부터 조기 성직자 교육을 하고 있다. 불교에는 동자승이 있고, 천주교는 유럽과 미주에 수도원에 아이를 어렸을 때 위탁하여 성직자를 만드는 제도가 있는 것으로 알고 있다. 유대교의 랍비도 어려서부터 교육을 하는데, 유독 개신교는 대학원 3년 과정을 통해서 성직을 부여하고 있으니, 나이를 먹을 만큼 먹고 자아가 형성되고, 습관이 고착 된 후에 성직자 교육 3년을 통해서 성직자가 되면 과연 어떤 영향력이 있을까 의문이 든다. 축구도, 야구도, 피아노도, 그림도 조기 교육을 하는데 우리는 왜 성직에 있어서 조기 교육을 하지 않는지 모르겠다.

저자의 교회는 작은 학교를 무료로 운영하는데 어려서부터 매일 성경을 가르치고 있다. 이러한 만남을 통해서 세계를 바꾸는 지도자가 나오길 기대한다.

"사무엘은 어렸을 때에 세마포 에봇을 입고 여호와 앞에서 섬겼더라"(삼상 2:18)

115

카메라 앵글과 정보 입력

피디 연합회에서 첫 민선 대통령 선거 당시 미디어의 영향에 대한 조사를 했다. 노태우, 김영삼, 김대중 후보의 미디어 노출 빈도 및 카메라 앵글 조작에 따라 지지도가 변경된 것을 볼 수 있다.

당시 군사 정권이 끝나고 첫 민선 대통령이라 처음에는 김영삼 후보가 가장 지지도가 높았고, 다음이 김대중 후보 그리고 노태우 후보가 다음이었다. 나중에는 야권후보가 단일화되지 않아서 노태우 대통령이 당선되었다고 하였지만, 사실은 단일화되지 않은 상태에서도 노태우 후보의 지지도가 그렇게 높지는 않았다. 그런데 노태우 후보가 카메라에 어떻게 잡혔는지 보았더니 앵글을 아래서 위로 잡아서 시청자들이 위로 쳐다보는 착시 현상을 일으키게 하고 위엄과 신뢰를 갖게 한 것이다. 샷도 바스트 샷으로 무게감과 신뢰도 효과를 주었다. 또한 빈도수에도 다른 후보에 비해 장시간 다수 노출로 더욱 친근함을 갖게 하였다. 반면 김영삼 후보와 김대중 후보는 웨이스트 샷으로 평범하고 때로는 안정감이 떨어지게 카메라 조작을 한 것이다. 사람은 알지 못하게 무의식적으로 정보를 집어넣으면 그것에 세

뇌가 되어 마인드 컨트롤이 되는 것이다.

카메라 앵글 뿐만 아니라, 우리가 접하는 소리로도 그러한 마인드 컨트롤이 가능하다. 예전에 페이스 북에 한 덩치가 좋은 공항 직원이 계속 중얼거리는 것을 한 사람이 포스팅을 하자 많은 사람들이 공항에서 안전을 중요시해야 하는 곳이 정신병자를 채용했다고 비난 댓글이 폭주를 하고, 결국 관련 항공사는 주가가 폭락까지 하게 되었다. 차후에 알고 보니 덩치가 좋은 공항 직원은 혼자 중얼거린 것이 아니라 몸이 뚱뚱해서 옆에 앉아 있는 다른 사람이 보이지 않았던 것이다. 옆 사람과 함께 이야기 하는 것을 카메라 앵글의 조작으로 순식간에 한 기업체의 신뢰도를 폭락하게 하였다 이것을 팩트(Fact)와 픽션(Fiction)을 섞어서 사용해서 만든 '팩션 루머'라고 한다. 이런 것이 너무도 많이 있다. 한국에서는 예전에 삼양 라면이 공업 기름을 사용한다고 해서 거의 파산 직전까지 갔다가 기사회생했지만 그 많은 손해를 보상 받지 못했고, 한번 나빠진 이미지는 회복이 쉽지 않고 따라서, 아니면 말고 식의 허위 사실 유포를 하고, 정치인들이 네거티브의 유혹에 빠져 상대방을 비방하는 이유도 이와 다름없다.

현재 기독교의 나빠진 이미지도 이와 크게 다르지 않은데 거의 매주 한 번씩 미디어를 통해서 나오는 부정적인 기독교의 뉴스가 축적되어 기독교의 이미지를 고착화 시키고 있는 것이다. 이는 대통령의 지지율이 초창기에 높았다가 시간이 지나면서 낮아지고 한번 낮아진 지지율은 다시 반등하지 않는 것과 유사하다. 인간의 기억력의 편견에 대해 조사 한 적이 있는데, 사람은 좋은 기억보다 좋지 않은 기억을 더 오래 간직한다는 조사가 있었다. 이는 설사 잘못된 정보에 의

한 나쁜 이미지조차도 한 사람의 이미지에 나쁜 영향을 지속적으로 준다는 것이다. 그래서 기업은 지속적으로 이미지 광고와 사회 환원, 사회 친화적 이미지 재고를 위한 노력을 기하고 있는 것이다.

성경에 보면 사도바울이 자신에 대한 잘못된 정보에 대해 그를 대적하는 자들에게 일일이 변명 하는 모습이 나오는데 이것은 그러한 이미지가 고착되지 못하게 하기 위함이다.

"너희 마음을 나약하게 말며 이 땅에서 들리는 소문으로 말미암아 두려워하지 말라 소문은 이 해에도 있겠고 저 해에도 있으리라 그 땅에는 강포함이 있어 다스리는 자가 다스리는 자를 서로 치리라"(렘 51:46)

116

이름을 남기는 사람들

뉴욕에 가면 라과디아 공항(LaGuardia Airport)이 있다. 피오렐로 라과디아(Fiorello Henry La Guardia) 시장을 칭송하는 의미에서 그의 이름으로 공항이 지어졌다. 그는 본래 이태리 계 미국인으로 나름 성공한 판사였다. 그가 뉴욕시민들로부터 칭송받기 시작한 여러 일화가 있는데 그가 재판관으로 있을 당시 1930년 빵을 훔친 노인에게 10달러의 벌금형을 선고함과 동시에 자신에게도 동일하게 10달러 벌금형을 선고하고 방청객에게도 50센트의 벌금을 선고하여 노인에게 전달한 사건이 유명한 일화가 되었다. 재판관에서 내려온 뒤 그는 뉴욕의 시장이 되었고 러키 루치아노(Charles "Lucky" Luciano)라는 악명 높은 이태리 계 미국인이 뇌물로 또는 협박으로 회유하였으나 범죄와의 전쟁을 선포하여 마피아를 소탕하고 뉴욕 시민들을 범죄로부터 도박으로부터 건져 낸 사람으로 유명하다.

더욱 유명세를 타게 된 계기는 미국 대 공항 시절 민주당 소속인 루스벨트 대통령(Franklin Delano Roosevelt)의 뉴딜 정책을 지지하여 크게 화제가 되었다. 그가 공화당 당원임에도 불구하고 복지정

책을 버리고, 뉴욕시민의 번영을 위해 뉴딜 정책을 지지하자 공화당에서는 배신자라고 낙인 찍혔다. 그러나 오히려 루스벨트는 그의 지지에 감사하며 11억 달러의 지원금을 받아 뉴욕의 경제난을 극복하게 되고, 시민들의 지지를 받아 3번이나 시장을 연임하고 세계에서 가장 부유한 도시가 되었다. 그의 업적을 기려 뉴욕에 라과디아 공항이 만들어 진 것이다.

성경에도 이러한 인물이 있다. 야베스라는 인물이 야베스의 기도라는 책과 노래로 많이 알려졌는데, 이 사람은 성경의 역대상 4장 9-10절에 아주 짧게 나온다. 야베스라는 말이 가난, 고통의 아들이라는 뜻이다. 가난 가운데 어머니가 수고로이 낳았다라고 성경에 기록되어 있는데 어머니가 이름을 지었다라고 성경에 기록되어 있다. 즉, 아버지가 없는 자였다 그래서 야베스가 기도를 하는데 복에 복을 더하여 주시고, 지경을 넓혀 주시고, 환난을 벗어나 근심이 없게 해 달라고 기도를 한다. 그의 이 기도가 어떻게 응답이 되는지 그는 형제들보다 존귀한자가 되고 역대상 2장 55절에 보면 야베스라는 이름이 지명이 되는 것을 볼 수가 있다.

이 일은 저자가 존경하고 교제하는 대의그룹 채의숭 회장님을 생각나게 한다. 하나님께 3가지를 서원기도하여 "하나님 박사가 되게 하여 주소서, 하나님 한국 최고의 기업의 사장이 되게 하소서, 하나님을 위하여 100개의 교회를 짓게 하소서" 어린 시절 충청도 촌구석에서 이렇게 기도를 하였다고 하는데 실제로 박사가 되고, 사장이 되고, 회사를 세워 전 세계에 100개의 교회를 세웠다. 이제 대의 미션을 세워 1,000개의 교회를 함께 세워나가는 그분이 모습을 보면서 우리의 삶이 역경으로 포기하고 싶을 때도 있지만, 주어진 삶을 원망하지 않고 믿음을 가지고 다시 소망 가운데 일어나면 그의 이름이 창대케 된다는 것이 성경을 통해서 그리고 우리 주변의 믿음의 위인들을 통해서 알려주고 있다. 또, 저자에게 큰 도전을 주고 사랑을 주시는 '본죽'의 최복이 이사장님도 호떡 장사에서 다시 일어나 세계적인 본죽 기업을 일으키어 전 세계 선교사들을 섬기는 모습을 보면서 오늘의 삶에 낙심하지 않고 꿈을 가져야 함을 말하고 싶다. 저자와 2002년부터 오랜 시간 사랑을 나눈 창업진흥협회 이재환 회장님도 2002년 당시 수녀원에 있는 고아들을 남몰래 섬기고, IMF 시절 선교사들이 다 고국으로 철수하고 힘들어 할 때, 빚을 내서 끝까지 선교사를 책임지시더니 '위즈 아일랜드'라는 감성 놀이학교로 한국 최대의 어린이 교육기관을 세우고, 지금은 청년들을 위해서 일자리 만드는 프로젝트에 온힘을 기울이고 있다. 야베스라는 사람이 고통과 가난 가운데 있었지만 하나님께 간구함으로 그가 일어난 것처럼, 저자는 오늘 이 글을 읽는 모든 독자들이 소망을 가지고 일어나기를 소망한다.

"야베스가 이스라엘 하나님께 아뢰어 이르되 주께서 내게 복을 주시려거든 나의 지역을 넓히시고 주의 손으로 나를 도우사 나로 환난을 벗어나 내게 근심이 없게 하옵소서 하였더니 하나님이 그가 구하는 것을 허락하셨더라"(대상 4:10)